꽃을 위한 미래는 없다

꽃을 위한 미래는 없다

브래디 미카코 지음

김영현 옮김

No Future For The Flowers

Brady Mikako

다다
서재

차례

2장 존 라이든

3장 아나키 인 더 펍

4장 10년 후

일러두기

1 이 책은 2005년 헤키텐샤(碧天舍)에서 출간한 단행본 『꽃의 생명은 노 퓨처(花の命はノー・フューチャー)』를 대폭으로 가필하고 미수록 원고를 보충하여 2017년 지쿠마쇼보(筑摩書房)에서 출간한 문고본 『꽃의 생명은 노 퓨처 Deluxe Edition』을 한국어로 옮긴 것입니다. 3장과 4장은 문고본 출간 시 추가된 원고입니다. 본문 중 '후일담'은 문고본 출간 당시 집필한 글입니다.

2 본문의 각주는 모두 옮긴이 주입니다.

3 외래어는 국립국어원 외래어 표기법을 준수하되, 일부는 일상에서 널리 쓰이는 표기를 따랐습니다.

4 본문에 언급되는 도서 중 한국에 번역 출간된 도서는 한국어판 서지 정보를 수록했습니다.

문고판 시작하며

와카가키若書き. 일본어에는 '작가가 젊은 시절에 창작한 작품'을 뜻하는 이런 표현이 존재한다. 나이 마흔에 발표한 이 책을 와카가키라고 해도 괜찮은가 싶지만, 그래도 이때가 내 집필 활동의 초기였다. 무척 이나 뒤늦게 꽃이 피었던 셈이다. 그러니 당연히 장래 는 어두컴컴했다. 남은 시간이 그리 길지 않았으니까.

아무튼 나이 먹은 작가의 10여 년 전 글을 다시 읽어보니, 내가 썼지만 참으로 오만하기 그지없다.

이를테면 영국에는 NHS National Health Service라는, 국가가 무료로 제공하는 의료 서비스가 있다. 최근 몇 년 동안 나는 정치 평론 등에 "무료로 제공되는 국가 의료 제도 NHS는 영국 좌파의 마지막 보루다." 같은 문장을 쓰는 인간이었는데, 이 책에 수록된 글을 썼던 무렵 나는 NHS에 대해 맹렬히 분노를 터뜨리고 있었 다. 의료 서비스를 무료로 만드니까 이렇게 엉망진창이 되었다는 둥 투덜대며 무료 아니면 전액 부담이라는 극단적인 양자택일이 아니라 일본처럼 국민이 의료비를 일부 부담하는 중용을 배워라, 이 멍청한 놈들아, 하고 그야말로 마음껏 야유하며 되는대로 지껄였다.

그러니까 이른바 나는 그거다. 변절자. 바로 그거. 괘씸하지 않은가. 나는 그토록 잔인한 사람이었다.

아니, 하지만 사실, 큭큭큭. 내게는 아직까지 NHS를 야유하는 일면도 있다. 그렇다고 내 속의 사탄이 속삭인다. 안 돼, 안 돼, 안 돼. 이래서야 원.

또 다른 글에서 나는 복잡한 인생사를 들려주고 돈을 요구하는 홈리스에 대해 쓰며 "돈을 주면 어차피 술이나 마시겠지." "술이 마시고 싶으면 노동해." 라고 실로 비인도적인 훈계를 늘어놓는다. 이토록 사악한 아줌마가 또 있을까. 사탄이여, 물러가라.

나는 예전에 『유럽 콜링』[1]이라는 책을 쓴 적이 있는데, 그 책을 읽은 독자들은 내가 더 클래시The Clash[2]의 열렬한 팬인 줄 알고 있다. 하지만 사실 철들 무렵부터 나는 섹스 피스톨즈Sex Pistols[3]를 좋아했으며,

---

1 『ヨーロッパ・コーリング』岩波書店 2016.
2 영국의 펑크 록 밴드. 섹스 피스톨즈와 더불어 영국 펑크를 대표한다.

가장 처음 들었던 영국의 록은 피스톨즈가 아니라 킹크스The Kinks[4]였다. 이 책에는 그런 맥락의 내 왜곡된 지향성이 유감없이 발휘되어 있다.

다시 말해, 뭐랄까 내게는 올바른 쪽보다 나쁜 쪽, 상큼한 쪽보다는 외설스러운 쪽을 선호해버리는 성미가 있는 모양으로 그런 것은 정말이지 나의 치욕스러운 과거라고 생각한다. 사탄이여, 다시는 돌아오지 말지어다.

그런 생각과 함께 부들부들 떨면서 교정을 보는데, 또다시 내버려둘 수 없는 표현이 등장했다. 스스로에 관해서 쓴 부분인데, 나는 꼬맹이를 너무너무 싫어하니까 내 아이가 부모를 우습게 보는 짓을 하거나 어처구니없는 말을 지껄이면 주먹으로 때리든지 발로 차든지 장롱 서랍 안에 넣어버리든지, 내 아버지 못지않은 폭력적인 부모가 될 가능성이 있다고, 그러니 내가 누군가의 부모가 되는 것은 절대로 발을 들여서는 안 되는 위험 구역이라고, 그렇게 몸서리가 날 만큼

---

3 1975년 결성된 영국의 펑크 록 밴드. 펑크 문화에 지대한 영향을 미쳤으며, 이 책의 저자 또한 젊은 시절 섹스 피스톨즈에 큰 영향을 받아 일본에서 영국으로 건너갔다.
4 영국의 록 밴드. 롤링 스톤스와 더불어 대표적인 장수 밴드다.

무서운 소리를 써놓은 것이다. 그 글을 썼을 때는 보육사가 아니었지만, 타인의 아이를 돌보는 일을 하는 사람이 대체 무슨 소리를 쓴 걸까. 그 역시 사탄이 벌인 짓이다. 검은 악마가 나를 조종했던 것이다.

무시무시한 사탄이 나를 지배하게 두어서는 안 된다. 이렇게 된 바에는 폭포수를 맞으며 부정을 씻어내고, 프랑스의 루르드에서 성지 순례에 나서 성수를 마시며 감동의 눈물을 흘리고, 양동이에 가득 담은 얼음물을 머리 위로 뒤집어쓰고는 "꺼져라, 사탄! 아이스 버킷 챌린지!"라고 외치며 기부 활동에 한몫하는 등 내가 새하얘져서 아예 보이지 않게 될 때까지 살균 소독에 힘써야겠다고 생각하고 있다.

살균, 살균, 살균. 소독, 소독, 소독. 바야흐로 그런 걸 원하는 시대가 되었다.

그런 시대임에도 이처럼 사탄 그 자체인 듯한 책을, 심지어 12년 전에 처음 출간되자마자 출판사가 망했다는 저주받은 책을, 약 200면이나 증보해서 더욱 극악한 문고판으로 출간한 출판사를 위한 미래가 없지는 않으면 좋으련만.

그러기를 기도한다. 부들부들부들.

브래디 미카코

1장 _____ 매일매일의 거품

꽃을 위한 미래는 없다

가령, 걸음마다 똥을 밟는 듯한 최저 최악의 인생을 청산하기 위해 크게 떨치고 일어나 해외로 건너가려 하는 젊은 딸이 있다고 하자.

그런 딸이 떠나가는 아침에 공항처럼 더 이상 되돌릴 수 없는 곳에서 아버지가 딸에게 종이 한 장을 건넸다. "나중에 읽어."라면서 경솔하고 과묵한 아버지가 꾸깃꾸깃해진 종이를 딸의 손에 쥐여주고 등을 돌린 것이다.

딸은 가족에게 작별 인사를 하고 탑승구 옆의 의자에 앉아서 아까 아버지가 건네준 종이를 살짝 펼쳐보았다.

어린아이가 쓴 듯 서투른 아버지의 필체가 눈에 들어왔다.

꽃의 생명은 짧고, 괴로운 일들만 너무 많았다.

—하야시 후미코[1]

한 번 읽고 딸은 미간을 찌푸렸다. 왜냐하면, 어두웠기 때문이다.

딸이 새로운 출발을 하는 경사스러운 날에 이처럼 어두운 문구를 어째서 건넨 것일까, 저 아버지라는 사람은.

보통은 다카무라 고타로[2]의 "내 앞에 길은 없다, 내 뒤에 길이 만들어진다. 아, 자연이여, 아버지여." 같은 시를 쓰지 않을까 싶지만, 순수한 육체노동자인 아버지는 책 같은 걸 읽히면 한 페이지를 읽는 데 한나절을 쓸 법한 남자라 그런 고상한 시는 모른다. 그렇다면 차라리 스이젠지 기요코[3]가 노래한 "행복은 나를 찾아오지 않아. 그러니 내가 찾아가야 해."처럼 더욱 긍정적인 선택지가 있지 않았을까. 새로운 출발에 걸맞은 무언가가.

1 일본의 시인, 소설가. 20세기 초반을 대표하는 여성 작가 중 한 명이다.
2 일본의 조각가, 시인. 자연, 인간, 사랑에 관한 시로 대중적인 인기를 모았다.
3 일본의 가수, 배우. 20세기 중반 국민적인 인기를 얻었다.

그런데 어디서 주워들었는지 갑자기 젠체하며 이런 말을 썼다. 그래, 써본 것은 좋지만, 작가의 이름도 제대로 못 쓰지 않았는가.[4] 도대체 무슨 생각을 하는 거야, 아버지라는 사람이. 애초에 이 불길한 문장이 무슨 의미인지 정확히 이해는 하는 거야? 멀리 다른 나라로 떠나는 딸한테 이렇게 음침한 문구를 읽히지 말라고. 재수 없어.

그런고로 딸은 그때 아버지가 적어준 말에 감탄하지 않았다. 전별사는커녕 불길한 저주 같았기 때문에 아버지가 건네준 종이를 공항의 쓰레기통에 내버리고 지체 없이 일본에서 뛰쳐나간 것이다.

그렇지만. 그로부터 오랜 세월이 지나 해외에 정착한 딸의 머릿속에 아직도 하야시 후미코의 저주가 문득 떠오르는 순간이 있다.

나이를 먹고 정말로 괴로운 일들만 경험하면서 아버지가 마음에 들어한 듯한 그 말과 자신의 인생관에 실은 서로 통하는 것이 있음을 딸은 깨달은 것이다.

---

4 저자의 아버지는 하야시 후미코의 이름을 한자(芙美子)가 아닌 가타카나(フミ子)로 적었다.

꽃의 생명은 짧고, 괴로운 일들만 너무 많았다.

그리하여 꽃을 위한 미래는 없다no future.[5]

앞날 따위는 없어. 아무것도 기대하지 마. 이 세상도 인생도 결국에는 똥이 될 뿐이니까 '미래는 없다'는 마음가짐을 가슴에 품고, 그럼에도 계속 살아가라. 이런 이야기를 아버지와 하야시 후미코는 하고 싶었던 거구나, 하는 생각을 딸은 최근 술에 취하면 종종 떠올린다.

그리고 딸은 소파 위에 책상다리로 앉아 위스키를 홀짝이면서 아버지가 집에서 말없이 반주를 하던 모습을 떠올리곤 하는 것이다.

하야시 후미코와 섹스 피스톨즈.

미래란 없다는 원망 어린 시.

그야말로, 그 아버지에 그 딸이다.

5 "미래는 없다(no future)"라는 표현은 섹스 피스톨즈의 노래 「갓 세이브 더 퀸(God Save the Queen)」의 가사에서 따온 것이다.

DSS 오피스

얼마 전, DSS 오피스, 즉 사회보험사무소에 다녀왔다.

왜 그런 곳에 가야 하는 처지가 되었느냐면, 결혼해서 성이 바뀌었는데 아직도 내셔널 인슈어런스 카드(사회보험증 같은 것)에 이름을 수정하지 않았기 때문이다. 전화로 수정할 수 있으면 좋은데, 결혼 증명서 같은 것이 필요하고 정해진 서식도 있으니 사무소에 직접 오는 게 빠르다고 해서 하는 수 없이 가장 가까운 DSS 오피스로 간 것이다.

브라이턴의 DSS 오피스. 역시나 흉악한 곳이었다. 대낮부터 대기실에서 술 마시는 녀석에 입구 근처에서 달콤한 향이 나는 궐련을 피우며 경비원에게 돈을 뜯어내는 아저씨까지, 8년 전에 갔던 런던의 DSS 오피스와 비교할 수 없을 만큼 거친 분위기였다.

'정말 브라이턴답구먼.' 연초인 덕인지 생각보다

기다리지 않고 30분 만에 상담 창구에서 볼일을 볼 수 있었다.

그런데 옆 창구가 유독 소란스러웠다. 스물이 될까 말까 한 금발 언니가 'F'가 들어간 단어(즉, f××king)를 모든 명사 앞에 붙이며 험악한 태도로 창구의 직원을 몰아붙이고 있었다.

"그런 Ⓕ 서류는 벌써 Ⓕ 11월에 보냈다고. 니들의 Ⓕ 착오 때문에 왜 내가 이런 Ⓕ 귀찮은 일을 해야 하는데."(Ⓕ라고 쓰인 부분은 'F'가 들어간 단어를 뜻한다)라는 언니가 "Ⓕ 돈을 주지 않으면 이 Ⓕ 사무소에서 절대 나가지 않을 거야."라며 위협하자 옆에 있는 애인으로 보이는 청년도 "Ⓕ 돈 내놓으라고. 이 Ⓕ 멍청이가."라고 직원을 위협했다. 결국 그들과 상담하던 아저씨 직원은 "계속 그런 식으로 말한다면, 나도 더 이상 얘기할 수 없어."라고 안쪽으로 들어가버렸다.

이 언니, 기초생활보장 급여 때문에 민원을 넣으러 온 모양인데, 마치 '지금 쇼핑하고 오는 길이야.'라고 자랑하듯이 애인으로 보이는 청년에게 브랜드의 쇼핑백을 몇 개나 들려놨잖아.

"힘들 때도 많으시죠."라고 내가 창구의 아저씨에게 말하니 "오늘은 연초라서 조용한 편이네요."라고 평온하게 웃어 보였다.

그러다 문득 깨달았다. 창구를 모두 유리로 막고 아래쪽에 서류를 넣는 구멍 같은 곳을 통해서만 직원과 민원인이 소통할 수 있게 한 것은 이런 사태 때문이겠구나. 신변이 위험한 일도 분명히 있을 테고.

직원이 안쪽으로 사라지고 다른 직원이 대신 나올 가능성도 없다는 걸 깨닫자 공갈 커플은 쓰레기통과 의자 같은 것을 마구 걷어차며 사이좋게 나갔다.

만취한 채 대기실에서 우물우물 중얼거리며 잠자던 아저씨가 깜짝 놀란 듯 벌떡 일어나서 말했다.

"뭐야, 뭐야, ⓕ 테러리스트야?"

그러더니 아저씨는 다시 방금 전과 완전히 똑같은 모습으로 우물우물 중얼거리며 벤치에 드러누워 잠자기 시작했다.

후일담

현재 영국에 DSS 오피스는 존재하지 않는다. 취업 상담소인 잡센터jobcentre와 통합해서 잡센터 플러스라고 불리고 있다. 긴축 재정, 예산 삭감, 군더더기 없는 통합. 그 여파가 여기까지.

살짝 심각한 이야기: 평화라니, 그게 뭐야?

다행인지, 불행인지 (그다지 행운이라고는 생각하지 않지만) 나는 가난한 동네에 살고 있어서 두 집 건너 이웃은 경찰의 블랙리스트에 오른 소아 성애자, 앞집의 아들내미는 마약 판매상, 버스정류장까지 가는 길 언저리에 거주하는 이는 최근 지역 신문에 실린 자동차 전문 절도범이다. 아무튼 무서운 동네다. 그렇지만 그런 이웃들에 관한 이야기는 옆집 여자애에게 들은 것이고 그 전까지 나는 그런 사정을 전혀 몰랐다. 그만큼 평범하게 생활할 수 있는 평화로운 곳이다. 정말로 거친 지역이라고 하는 곳은 의외로 내가 사는 동네처럼 겉으로는 조용한지도 모르겠다.

이런 지역은 평균 소득이 매우 낮으며, 가정 폭력이 일어날 확률이 대단히 높다. 부모가 아이를 마구잡이로 대하는 경우도 많은 것이다. 쥐어박고 걷어차는 폭력만으로도 나쁜데, 부모 형제가 어린아이에게 성적 학대까지 하는 경우도 있다. 그 모든 일이 굳게 닫힌 문 안쪽에서 일어나기 때문에 타인이 알기는 어려운데, 그래도 이상한 소리가 들리거나 집을 드나드는 어린애에게 이변이 보이면 옆집 할머니나 아줌마가 곧바로 경찰과 그 지역을 담당하는 사회복지사에게 알린다. 즉, 영국에는 '고자질' 혹은 모니터링 제도가 확립되어 있다는 말이다.

동네 사람들이 모니터링하는 것은 인간만이 아니다. 동물도 그 대상인 것이다. 이곳에는 '동물 경찰'이라고 불리는 RSPCARoyal Society for the Prevention of Cruelty Animals라는 조직이 있다. 작년까지 우리 집에는 집시라는 이름의 열여덟 살 먹은 늙은 고양이가 있었다. 노쇠한 데다 간에도 문제가 생긴 탓에 털이 폴폴폴 빠지고 밥도 안 먹어서 바싹 야위었는데, 수의사에게 데려가면 "시간문제네."라는 말을 들을 만큼 반송장 상태였다. 비틀거리면서도 다부지게 옆집 정원까지 외출을 나갔지만, 돌아오지 못해서 남의 집 처마 아래에 쓰러져 있기도 했다.

그런 집시를 보고 배우자가 말했다. "(우리가 학대하는 줄 알고) 동네 사람이 RSPCA에 신고해도 할 말 없는 상태니까, 그만 보내주자."

그래서 우리는 집시를 바구니에 담고 수의사에

게 데려갔다. 18년 동안 집시와 함께 살아온 배우자는 그 일을 무척 괴로워했다. 그 뒤로 한 달 동안은 무슨 일이 있을 때마다 눈시울을 적셨고, 자다 말고 "미안해, 미안해."라고 잠꼬대를 할 지경이었다.

정말로 가정 폭력이 일어나는 상황이라면 아이를 부모에게서 떼어놓아야 마땅하다. 하지만 실제로는 서로 애정이 있음에도 '가난'이라는 이유만으로 사회복지사에 의해 헤어지는 부모 자식이 많다고 한다. 저건 좀 심하다 싶은 경우가 적지 않은 것이다.

이 나라에는 남의 집안 사정에 끼어들면 안 된다는 의식이 없다. 이 나라 사람들은 자신이 옳다고 생각하면 거침없이 끼어든다. 옆집에는 그들만의 사정과 방식이 있을 것이라고 여기지 않는다. 스스로를 믿고 돌진하는 것이다. '내가 틀렸을지도 모르니까.' 아니면 '틀릴 게 무서우니까 아무것도 하지 말자.' 같은 생각은 하지 않는다. 마음에 걸린다면 일단 '하는 것'이다.

그런 경향이 점점 심해지면 아랍 지역을 민주화하자는 등 장대한 '남의 집안 사정' 간섭이 일어나기도 한다. 사담 후세인은 체포되었고, 이라크는 미국과 영국의 지배 아래 놓였다. 그게 좋은 일인지 나쁜 일인지는 모른다. 다만, 그들은 '하는 것'이다. 'to do하다'와 'not to do하지 않는다' 중에 언제나 'to do'가 훌륭하다고 믿기 때문이다. '거침없는 전진'은 미국의 전매특허인 줄 알았는데, 최근 들어 영국도 묘하게 직진하는 세상이 되었다. 하지만 '또 어울리지도 않는 짓을 하네.'라는 인상을 지울 수 없다.

그러고 보면 조지 부시 미국 대통령의 종교 역시 '거침없이 전진'하는 쪽이다. 그는 기독교에서도 '노래하고 울고 서로 공감하는' 마치 연극을 하는 듯한 화려한 종파(수수한 명상이나 기도와는 거리가 멀다. 그럼 그렇지)에 소속되어 있다. 신앙 덕분에 알코올 의존증에서 벗어나기도 했다고. 무언가를 믿음으로써 자신이 구원을 받은 것 같다면, 그건 좋은 일이다. 알코올 의존증에서 기적적으로 살아남았고 대통령에도 취임할 수 있었다고 신에게 감사하고 싶다면, 실컷 하면 된다.

그렇지만 아무리 혈액에서 알코올이 전부 빠져나가 몸이 깨끗해졌다고 해서, 또 선거전에서 "똥구멍 같은 놈이야."라고 말실수[6]를 했는데도 불구하고 대통령이 되었다고 해서, 갑자기 스스로 신이라도 된 것처럼 굴어도 괜찮을까.

---

6 조지 부시는 2000년 시카고의 유세장에서 마이크가 켜진 줄 모르고 기자를 조롱하는 바람에 구설수에 올랐다.

스스로 신이라도 된 줄 알고 세계를 바꾸려 드는 것은 정신 나간 인간이나 할 짓이다.

　　정신 나간 인간이 재선되는 광경은 보고 싶지 않다. 교활해도, 호색해도 상관없다. 제정신인 자가 세계의 지배자라는 지위에 있길 바란다.

빈곤

『이미다스ィミダス 2004』[7]를 연말에 구입했다. 오늘날의 시사용어를 일본에서 어떻게 옮기는지 알고 싶었기 때문이다. 그런데 아무 생각 없이 펼쳤다가 완전히 빠져버려서 언제나 어디서나 펼쳐서 읽고 있다.

일본의 2003년 세태는 재미있기 그지없었다. 일본을 떠나고 벌써 8년이 되는 만큼 '와아.' '진짜?'라고 놀랄 만한 일들이 계속되었다. 책에는 '연 수입 300만 엔 시대'라는 새로운 트렌드에 관해 쓰여 있었다. '300만 엔이라니, 좋네.'라고 생각했다. 무심결에 여기서 내 생활수준을 폭로해버리는 셈이지만, 나는 태어날 때도 자라날 때도 가난했고, 지금도 가난하

---

7 일본에서 발행되었던 최신 유행어와 외래어를 다루는 현대용어사전. 1986년부터 매년 종이책으로 발행되다가 2007년부터는 전자사전과 인터넷 백과사전으로 탈바꿈했다.

다. 자랑은 아니지만.

왜 이렇게 가난에서 탈출할 수 없을까 생각하다가 혹시 나는 가난을 좋아하는 게 아닐까 의문을 품은 적도 있다. 하지만 그건 아무래도 가난뱅이의 허세였다. 누가 좋아서 기꺼이 가난해진다는 말인가. 내 가난은 숙명인 것이다. 사람이 타고나는 운명 말이다.

영국에 거주하고 있다고 해도 내 생활은 인터넷과 잡지에서 종종 소개하는 것처럼 멋지지 않다.

사는 동네도 앞서 적었듯이 평균 소득이 매우 낮은 빈곤 지역(대처 정권 시절, 주민들에게 어처구니없이 저렴하게 팔아치운 구舊 공영주택지)이고, 나이트클럽이나 파티를 다니며 놀 돈도 없고, 유행하는 가게 따위는 하나도 모르고, 브리티시 패션이라는 것과도 전혀 연이 없다. 옷 같은 건 프라이마크Primark(코트를 3000엔 정도에 살 수 있다)나 옥스팜Oxfam(국제구호단체에서 운영하는 재활용품 전문점. 스웨터를 300엔에 살 수도 있다.)이면 충분하다.

"이제 영국 생활도 3년이 되었다면서 부모님이 생활비를 주지 않는 바람에 아르바이트만 하고 있어. 대학교 성적이 떨어질지도 몰라."라는 등 가난한 유학생인 척하는 일본인 여성은 고국에 돌아가면 그런대로 자산가의 딸로 멋진 집에서 사는 경우가 대부분이다.

그렇지만 내 경우는 부모에게 빚은 있을지언정 자산은 없다. 얼마 전에는 62세가 되어서야 메시지를 주고받을 수 있는 휴대전화를 구입하고 기뻐하는 아버지에게 메시지를 보냈더니 "여기는 폭설. 일이 없어. 엄마 허리 삐끗. 동생 인플루엔자."라는 그저 어둡기만 한 답장이 왔다.

어쩌면 이토록 암울할까. 밝은 소재가 하나도 없다.

하나도 없는 게 외려 재미있어서 웃음이 나오기도 한다.

하, 하, 하.

올려다보니, 오늘도 영국의 하늘은 잿빛.

무지개 깃발 아래에서

내가 살고 있는 브라이턴은 영국인들이 '어디에
도 있을 수 없다면 그곳으로 가라.'라고 하는 동네인
모양이다. 뭘 해도 괜찮은 동네라서 누가 살든 그럭저
럭 녹아들 수 있다는 뜻일 것이다.

브라이턴에는 일주일에 하루 이틀만 리무진을 타
고 런던의 회사로 출근하는 대기업 간부가 사는 초고
급 주택가도 있고, 폴 매카트니와 팻보이 슬림 등 연
예인들이 별장을 구입한 해변의 호화 맨션 거리도 있
다. 한편으로는 내가 살고 있는 곳 같은 언덕 위의 빈
민가도 있다. 어쨌든 바닷가 휴양지라서 정년 후에 집
을 사서 조용히 사는 고령자도 많고 노인 요양원도
잔뜩 있다. 하지만 해변에는 트렌디한 나이트클럽들
이 늘어서 있고 여름이 되면 팻보이 슬림이 해변에서
성대한 댄스파티를 열어서 (파티 후 해변에 엄청난 쓰
레기가 방치되어 얼마 지나지 않아 금지되었지만) 런

던에서 클럽을 즐기러 많은 젊은이들이 오기도 한다.

그와 더불어 브라이턴은 유럽의 게이 수도라고 불릴 만큼 게이가 많다. 게이 지인이 한 명도 없거나 게이와 아무런 인간관계를 맺지 않고 브라이턴에서 생활하는 것은 거의 불가능하다.

특히 해변의 켐프타운이라는 곳에 가면 도처에 무지개 깃발(컬러풀한 여섯 가지 색상이 가로 줄무늬로 그려진 깃발)이 나부끼는 걸 볼 수 있다. 무지개 깃발은 성소수자의 상징으로 샌프란시스코의 게이 거리 같은 곳에 가도 여기저기에서 펄럭인다고 한다.

최근 텔레비전의 지역 뉴스에서 브라이턴의 게이들이 "시청에 무지개 깃발을 걸어라."라고 운동하는 모습을 보도한 적이 있다. 시청의 높으신 분들도 게이들의 주장에 귀를 기울이며 "네, 꼭 긍정적으로 검토하겠습니다."라고 하는데, 그 겸손한 태도가 어찌나 온순하고 거짓부렁 같은지. 리버럴한 척하기는.

이렇게 말하는 나 역시 게이들과 친교가 있다. 특히 학생 시절에는 게이들과 종종 어울려 놀았다. 당시 내 단골 펍이 게이의 성지, 켐프타운에 있었기 때문이다. 영국의 어느 동네에나 반드시 하나쯤은 있는 '퀸즈 헤드'라는 흔해빠진 이름의 펍이었는데, 다른 '퀸즈 헤드'가 빅토리아 여왕의 초상화를 간판으로 거는 것과 달리 내 단골 가게는 밴드 퀸의 보컬 프레디 머큐리의 초상화를 내걸고 있었다.

한번은 게이 친구 하나가 "잠깐 배설하고 올 테니까."라고는 30분씩 자리에서 사라지는데 너무 자주 그러기에 쟤가 혹시 배가 아픈가 걱정한 적이 있다. 그러다 그가 의미한 것이 일반적인 배설이 아니라 다른 배설이었다는 걸 깨닫고는 뭐 저런 동물 같은 놈이 있냐고 경악했다. 그 일을 제외하면 나는 게이 클럽이나 게이 바에 가서 늘 즐겁게 놀았다.

"우리는 다 소수자니까 서로 돕고 살아야지." 게이 지인들은 모두 그렇게 말하며 내게 잘해주었다. 나와 배우자의 결혼식에도 분홍색 침대 커버와 아르데코 양식의 식기 등을 결혼 선물로 지참하고 참석해주었다. 하지만 나는 나이를 먹을수록 결코 지치는 법 없이 마시고, 춤추고, 노는 그들을 따라가지 못했고, 그렇게 게이 세계에서 완전히 은퇴하게 되었다. 그래도 가끔 당시의 지인들을 거리에서 만나면 마치 어제 만났던 사이처럼 "어머, 너 이런 곳에서 뭐 해?"라고 친밀하게 인사를 나누곤 한다.

브라이턴으로 이사하기 전, 나는 런던의 킹스 로드에 살았다. (멋지지? 하지만 실은 노인이 사는 집에서 하숙했을 뿐이다.) 그 시절 집 근처에 있던 첼시 앤드 웨스트민스터 병원의 HIV 병동에서 자원 봉사를 했는데, (하숙집 주인인 노부부가 간부 자원봉사자라서 그들의 권유를 거부할 수 없었다.) 지금 돌이켜보면 그 무렵부터 나는 게이를 접할 기회가 많았다.

HIV 병동에 자원봉사를 다니면서 게이를 많이 만났다. 그들은 영어로 만족스럽게 말하지도 못하는 일본인을 항상 배려해주고 도와주었다. 환자들도, 환자들의 보이 프렌드들도, 정말로 힘든 건 자기들이면서 "아, 아."라고 말문이 막힌 나를 보면 가엽게 여기며 어떤 핑계로든 두둔해주었다.

당시 HIV 당사자들을 보면서 깨달은 것은 그들이 정말 강하다는 것이다. 강하다고 할까, 등에 꼿꼿한 한 줄기 심을 가진 느낌이었다. 그들처럼 우아하게, 그리고 지적으로 죽음과 싸우는 사람들을 나는 본 적이 없다. 인간은 죽음과 마주했을 때 그 본질이 드러난다고 하는데, 그렇다면 그들은 이미 인간을 초월해 있었다. 거의 부처의 영역에 도달한 수준이랄까. 그들은 죽음이라는 터무니없는 것과 싸우면서도 결코 유머를 잊지 않았다. 눈에 띄게 야위어가는 환자가 던진 농담에 배를 붙잡고 폭소한 일도 종종 있었다.

지금 왜 이런 이야기를 쓰고 있느냐면, 어제 외출했다가 속이 시원해지는 광경을 보았기 때문이다. 장을 다 보고 버스 정류장에 서 있는데 얼핏 봐도 게이 같은 30대 초반의 패셔너블한 청년이 개를 데리고 정류장 앞을 지나쳐 걸어갔다. 그런데 그 개가 뒤에서 다가온 들개의 엉덩이 냄새를 맡기 시작했다.

대낮부터 술 취한 듯 얼굴이 불콰한 아저씨가 그 광경을 보고 갑자기 큰 소리로 외쳤다.

"뭐야, 뭐야, 이 동네는. 개까지 수컷끼리 이상한 짓을 하려고 하네. 변태냐!"

그 말에 게이 청년이 뒤로 빙글 돌아서더니 "다시 한 번 말해봐."라고 위협적으로 말했다. 아저씨는 그 기백에 눌려서 말문을 닫았고, 심지어 술에 취해서 다리도 비틀거렸다. "다시 한 번 말해보라고." 게이 청년이 다시 고함쳤고, 아저씨는 이제 절체절명의 위기였다. 아저씨의 상태를 간파한 게이 청년은 시원한 표정으로 "마주 보고 말할 용기가 없으면 애초에 말을 하지 마."라고는 개와 함께 떠나갔다. 술 취한 아저씨는 꽤나 분했는지 청년의 뒷모습이 작아지자 "F××k off!" "변태 새끼!"라고 한참을 헛되이 소리쳤다.

싸울 각오가 없다면 상대가 기분 상할 만한 말은 하는 게 아니다. 게이들은 육체미에 엄청 신경 써서 평소에도 근육이 빵빵하게 운동하기에 마음만 먹으면 엄청 셀 것 같기도 하고 말이지.

워킹 클래스 키즈

그게 말이지, 이것저것 있게 마련이지 않나, 살다 보면. 있는 게 당연하다. 멍해 보이는 놈도, 싹싹한 녀석도, 방에 틀어박힌 놈도, 속에는 뭔가 끈적하게 뭉친 응어리 같은 게 있는 법이다. 말을 안 할 뿐이지.

그런 건 보통 눈에 띄지 않도록 숨기게 마련이다. 내가 태어나고 자란 나라에서는 특히나. 그런데 지금 내가 살고 있는 나라에서는 그 끈적끈적한 걸 전부 드러낸다. 밖으로 다 꺼내니까 햇빛에 노출된 거나 마찬가지라서 묘하게 건조하고 퍼석퍼석하다, 응어리인데.

이를테면 이렇게 밤중에 작업하면서 라디오를 들을 때가 있다. 영국에 사는 사람들은 알지도 모르겠는데, 버진 라디오에서 밤 10시부터 새벽 1시까지 하는 「제자Jezza의 고백들Jezza's Virgin Confessions」이라는 장난 아닌 '인생 상담' 프로그램이 있다. 사회자인 제자에게 청취자들이 차례차례 전화를 걸어서 어처구니없는 고백을 하는데 나처럼 순수한 동양인은 듣다가 기가 막혀서 하던 일도 손에서 놓을 지경이다.

이를테면 어떤 젊은 언니 왈 "남자친구의 집에 드나들다가 그의 아버지랑 사이가 좋아져버렸어요."라고. 제자가 박력 있는 목소리로 "몇 번이나 한 거야?"라고 솔직하게 물어보니까 "몇 번. 정확히는 꽤 정기적으로."라고 이 언니가 답하는 거다. 제자는 "뭐야야아아아? 당신이 무슨 동물이야아아아아?"라고 연극 배우처럼 과장되게 외쳤다.

그래 뭐, 그 정도는 이해할 수 있다. 그런데 말이지, 이 언니가 "역시 내가 너무 동물 같은가. 실은 이번에 남자친구의 엄마와도 돌이킬 수 없는 사이가 되어버려서 오늘은 그것 때문에 전화를 했어요."라는 게 아닌가. 뭐야, 웃기고 있어. 웃기려는 거지, 당신.

그렇구나. 웃기려는 거구나. 내가 간신히 마음을 가라앉히고 작업을 재개하려는데, 제자가 또다시 연극 배우처럼 "우어어어와아아!" 외치더니 폭풍처럼 설교를 퍼붓기 시작했다. 그 언니가 "하지만 그의 엄마를 정말 좋아해. 이렇게 누군가를 사랑한 건 처음이야."라면서 하염없이 울기 시작하니, 그 흐느낌 뒤로 콜드플레이의 「트러블」 전주가 엄숙하게 흐르기까지 하는데. 아, 더 들으면 내 정신이 이상해지겠다 싶어서 나는 비틀거리면서 라디오 주파수를 바꿨다.

이 프로그램, 처음 들었을 때는 내 듣기 능력에 문제가 있는 줄 알고 배우자를 불러서 바닥에 정좌시키고 듣게 했다. 하지만 역시나 내가 생각한 그런 세계가 라디오에서 펼쳐지고 있다는 것에 정말 경악했다.

"에이, 그래도 이거 지어낸 얘기일걸." 내 말에 배우자는 아무렇지 않은 표정으로 대꾸했다. "아마 그럴걸. 절반은." 네에에에에? 그렇다는 말은 나머지 절반은 사실이라는 겁니까아아아? 그때는 나까지 연극배우처럼 소리치고 싶었지만, 그 뒤로 몇 년 동안 평판이 그리 좋지 않은 동네에 살아보니 확실히 절반 정도는 사실일지 모른다고 생각하게 되었다.

왜냐하면, 얼기설기 꼬인 사정이 도처에 널려 있거든.

예를 들어 옆집의 아들내미. 지금이야 싹싹한 청년이 되어 우리 집 거실에서 천진하게 고양이와 놀아주고 있지만, 실은 꽤나 막 나가던 시절도 있었다.

옆집 아들은 12세에서 13세 정도까지 파괴 활동에 큰 관심을 보였다. 그와 그의 학교 친구들이 우리 집 앞에 있는 전화박스를 몇 번이나 부수는 바람에 머지않아 공중전화가 아예 철거되었다. 그 후에도 그들의 파괴 활동은 가로등에 자동차 앞 유리까지 확장되었다. 여기저기 유리 조각이 흩어져 있어 위험하기 그지없었기 때문에 "이 자식들 뭐 하는 거야!"라고 배우자가 슬리퍼 바람으로 뛰쳐나가는 일도 종종 있었다.

그렇지만 그 후 파괴 활동에 대한 그의 열정은 음악으로 옮겨간 듯했다. 그러면서 인간성이 풍부해졌고 함께 텔레비전을 볼 때면 스스로 부엌에 가서 홍차를 우려 오는 등 묘하게 싹싹한 구석이 있어서 우리는 그를 집 안에 들이기로 했다.

옆집의 가족 구성은 복잡하다. 실제로 옆집에 사는 사람은 싱글 맘인 모친과 자녀 두 명으로 그것만 보면 매우 단출한 가족 구성이다. 하지만 그 모친이 과거 두 차례 결혼을 했는데, 아이들의 부친인 첫 번째 남편이 이혼 후 두 차례 재혼을 하면서 복잡해지기 시작했다. 그 부친이 두 번째, 세 번째 결혼에서 모두 성실하게 자녀를 만드는 바람에 옆집 아들내미에게는 배다른 형제가 여섯 명 있다고 한다.

그나마 그것만이라면 다행이지만, 모친이 몇 년 전까지 부부로 지냈던 남성이 결혼하면서 세 명의 자녀를 데리고 왔고, 그 세 아이들도 함께 자랐기에 옆집 아들에게는 어쨌든 형제였다. 그렇게 배다른 형제에 아예 혈연이 아닌 형제까지 잔뜩 있어서 옆집 아들내미에게는 함께 살지 않는 가족이 정말 많다.

일본에는 '아이가 있으니까 이혼은 참자.'라고 생각하는 사람도 있겠지만, 이 나라 사람들, 특히 노동자 계급은 자녀가 몇 명이 있든 전혀 개의치 않는다. (상류나 중류 가정은 아무래도 체면을 신경 쓰겠지.) 그들은 여러 자녀가 있어도 이혼하고, 그 아이들을 데리고 재혼하고, 또 이혼하는, 그런 일들을 반복하는데 아이들 입장에서는 점점 일가의 범위가 확대되어 가족 관계가 복잡해질 뿐이다.

옆집 아들은 "자꾸자꾸 늘어나서 누가 피가 이어졌고 누가 그렇지 않은지 알 수 없으니까 나는 가까운 여자들이랑은 어울리지 않기로 했어. 잘못해서 근친상간 같은 걸 해버리면 쿨하지 않으니까."라고 자못 건조하게 말씀하신다. 전혀 끈적끈적하지 않다. 뭐랄까, 바싹 말라서 퍼석퍼석한 것이다.

아버지는 정리해고를 당하고, 어머니는 바람을 피우고, 아들은 방에 틀어박혀 가정이 붕괴하는데… 같은 소설을 극적이라고 하는 나라에서 건너온 순진한 동양인은 그저 경탄할 수밖에 없는, 그런 담담한 태도가 몸에 배어 있다.

터프해. 이 나라의 노동자 계급은.

나이 열다섯에 이미 서바이버생존자.

화를 내며 과거를 돌아보지 마

1년에 몇 차례 만나서 근황을 나누는 친구가 있다.

반드시 만나야 하는 특별한 이유가 있는 것은 아니지만, 좀 있으면 크리스마스니까 그 전에 한번 볼까, 며칠 뒤에 부활절이니까 겸사겸사 전화라도 해볼까, 하는 느낌으로 마음 편한 교류가 이어지고 있다.

그 친구는 브라질 출신이다. 코파카바나 해변과 황금빛 햇살이 있는 나라에 살다가 뭐가 좋아서 이렇게 음침하고 어둑어둑한 나라에 왔을까 참을 수 없이 궁금했는데, 햇빛이 흘러넘치는 나라라서 그림자 역시 더 짙게 드리웠던 걸까? 그런 어두운 부분을 몹시 싫어하는 친구는 춥다는 둥 일사량이 적어 우울증에 걸린다는 둥 불평을 늘어놓으면서도 벌써 12년이나 영국에서 살고 있다.

'하찮다'는 말이 있는데, 나와 내 친구의 공통점이라면 바로 그 말이 가리키는 모습 혹은 성미를 지니고 있다는 것이다. 요컨대 나도 친구도 꽤 하찮은 인간이라서 함께 싸구려 레드와인을 마시며 1년에 몇 번씩 이 나라와 각자의 상황에 대해 있는 대로 불만과 원망을 쏟아낸다. 생각해보면 대단히 소극적이고 건설적이지 않은 교우관계지만, 그래도 상관없다. 나도 친구도 술을 좋아하니까.

그런고로 얼마 전에도 나는 친구가 세 끼 밥보다 좋아하는 스페인산 레드와인을 끌어안고 그의 집에 방문했다. 현관 앞으로 마중을 나온 친구는 크리스마스 전에 봤을 때와 비교해 한눈에 봐도 많이 야위어 있었다.

작년부터 친구의 인생은 더욱 박차를 가해 하찮아지고 있었다. 영국인 남편은 마침내 애인의 집에서 돌아오지 않게 되었고, 다니던 회사에서는 잘렸으며, 어중간하게 저금이 있었던 탓에 나라에서 실업급여를 주지도 않았다. 친구는 현재 구직 활동을 하는 한편, '무슨 일이 생길지 모르는데 저금을 허는 건 무서워.'라는 외국인이 흔히 품을 법한 심리에 사로잡혀 일단 청소부로 일하고 있다.

"최근에 엄청 열받는 일이 있었어."라는 친구와 "뭐? 무슨 일인데?"라고 물으면서도 잽싸게 잔을 찾는 나.

"해변에 있는 T스퀘어의 주택에 청소를 갔거든."

"아아, 거기. 유명인들 집이 많은 동네지."

"맞아. 내가 간 곳도 엄청난 부자의 집이야."

"아니꼽네."

"응, 아니꼽다니까."

우리는 부자를 싫어한다. 왜냐하면, 그들이 부자니까.

"일주일에 두 번 청소하러 가거든. 그런데 그 집이 말이지. 화장실이 더러워. 변기가 믿을 수 없을 만큼 더럽다니까."

"더럽다니, 항상?"

"응, 항상. 그런데 그 집에는 일하지 않고 하루종일 집에 붙어 있는 전업주부가 있어."

"그러면 청소부를 쓸 필요도 없잖아."

"아냐, 말했잖아. 부자라고."

"…."

거듭 말하지만, 나는 부자를 싫어한다. 왜냐하면, 그들이 부자니까.

"변기 옆에 청소 솔이 놓여 있으니까 조금은 스스로 닦아도 좋지 않을까 싶긴 한데."

"보통은 그렇게 하지 않아? 부끄러움이라는 개념을 아는 인간이라면."

"아마 자기들은 그런 일을 하는 인간이 아니라고 믿는 것 같아. 돈을 내고 청소부를 쓰고 있으니까 자기가 배출한 오물 따위 처리하지 않아도 된다고."

"얼간이네. 아니다. 그거네, 철면피."

"지난주에 청소하는 날이 아니었는데 그 여자한테 전화가 왔어. 지금 바로 청소하러 와달라고."

친구는 몹시 불쾌한 표정으로 잔에 담긴 와인을 모두 마셨다.

"내가 뭔가 실수를 했나 싶어서 추운 날씨에 30분이나 자전거를 타고 갔더니 그 집 여자가 화장실 좀 어떻게 해달라는 거야. 오늘 밤에 파티가 있는데 화장실이 저래서는 손님을 맞이할 수 없다고. 그런데 그 여자 내가 도착했을 때 뭐 하고 있었는 줄 알아?"

"뭘 했는데?"

"우아하게 샴페인 마시면서 텔레비전 보고 있더라고."

"…그러면 자기가 어떻게 하면 되잖아. 술 마실 때야?"

"그렇지? 애초에 다른 사람한테 보일 수 없는 오물을 왜 나한테는 아무렇지 않게 보여줄 수 있을까? 이 사람들은 나를 인간이라고 생각하지 않는 거야? 그렇게 생각하니까 점점 분노가 치밀어올라서."

"열받을 만하네."

"너무 열받아서 그 여자한테 변기 청소용 솔을 집어던지고."

"던졌다고!"

"니가 싼 똥은 니가 치워! 이렇게 말해버렸어."

"꺄아아아아, 말해버렸구나!"

"아니, 말 안 했어." 친구는 그렇게 말하고는 고개를 숙이고 잔에 와인을 따랐다.

"말하고 싶은 마음이야 굴뚝같지만, 아무래도 말이지. 그런 걸 말했다가는 청소부 파견 사무소에 연락이 가서 더 이상 나한테 일을 주지 않을 테니까."

"그렇구나. 그렇지…."

친구는 무거운 한숨을 내쉬고 오아시스Oasis의 음악이 흘러나오는 CD 플레이어의 음량을 키웠다. 삼바와 오아시스를 정말 좋아하는 친구의 기묘한 음악 취향이야말로 나와 그가 관계를 맺을 수 있었던 이유였다.

화를 내며 과거를 돌아보지 마Don't look back in anger..

아까 전부터 노엘 갤러거가 계속 노래하고 있지만.

"화를 내며 돌아보고 싶은 일만 있네."라고 내가 말했다.

"맞아. 분노를 느끼지 않고 돌아볼 수 있는 일 같

은 건 없어."라며 친구가 와인을 마셨다.

"어쨌든 상관없지만, 이 와인 맛없다."

"싸구려니까. 아스다ASDA[8]에서 2파운드 39센트
였어."

"다음에 나도 사야지."

"지금 맛없다고 했잖아."

"그래도 싸잖아."

문득 창밖을 보니 어느새 진눈깨비까지 내려서
내 자전거의 안장이 잔뜩 젖어 있었다.

언제까지나, 어디에서나, 궁상맞기만 한 걸까. 인
생이란 건.

후일담

아스다는 현재 값싼 슈퍼마켓이 아니다. 독일 회
사인 알디ALDI, 리들Lidl 등이 더 싸서 인기가 많다. 세
계화의 바람이 여기에도 미치다니.

영국 상인

"영국은 장사꾼의 나라다." 이 말을 한 건 나폴레옹이다.

얼마 전, 바로 이 말을 사람으로 빚어낸 듯한 순수한 장사꾼과 만났다.

심지어 그 남자는 하필이면 왜 여기에 장사꾼이 있을까 이해하기 힘든, 설마 이런 상황에서 장사꾼과 만나지는 않겠지 싶었던, 그런 장소에서 싱글싱글 웃으며 나를 기다리고 있었다.

그는 오늘도 면 소재의 살구색 반팔 셔츠와 치노 팬츠라는 캐주얼한 차림으로 난방이 세게 돌아가는 좁은 방에 앉아 있었다. 그리고 나는 입을 최대한 벌린 채 몸을 뒤로 젖히고 발은 지면에서 떨어져 덜렁거리는, 세상에서 가장 무방비한 자세로 가만히 있었다. 그 장사꾼은 섬뜩한 기구를 사람의 입 안에 처넣으면서 전동 칫솔이니, 특수한 나일론을 사용한 치실이니,

치주 질환을 예방해주는 치약이니 하는 것들을 팔아 치우려고 들었다.

혹시 이런 게 강매일까. 안 사면 아프게 할 거야, 드릴을 더 오래 돌릴 거야, 그런 건가. 심지어 나는 마취 때문에 입이 축 늘어진 상태라 "예스"도 "노"도 제대로 발음할 수 없었다. 이거 협박이나 다를 바 없잖아. 이런 악덕 장사꾼한테 절대로 굴복하지 않아.

애초에 이 사람은 왜 하얀 가운을 입지 않는 거지. 그리고 가만히 들어보니 아까부터 배경음악으로 비치 보이스The Beach Boys가 흐르고 있잖아. 자고로 치과 의사라면 하얀 가운에 마스크, 진료실에는 클래식 음악 아닌가, 보통은. 치과 진료실에 미국 서해안의 분위기를 연출해서 어쩌자는 거지. 창밖 하늘에는 여전히 먹구름만 잔뜩 끼어 있는데.

정장을 입은 부유해 보이는 아저씨와 유명 초등학교의 교복을 입은 소년이 함께 진료실에서 나갈 때 저 남자는 두 손을 비비면서 현관 앞까지 그들을 배웅했다. 의사 정도 되는 자가 어째서 환자에게 저토록 비굴한 태도를 취하는 걸까. 당신 의사 맞아? 아니면 이 병원의 영업부장인가?

이 치과에 다니기 시작한 뒤로 나는 줄곧 의사가 이런저런 물건을 사라고 하는 바람에 곤혹을 느끼고 있다. 그래서 언제나 어중간한 미소를 짓고 적당히 얼버무리기로 했다.

오래전 일본인은 어중간하게 웃기만 하고 '예스'나 '노'를 확실히 말하지 않으니까 세계를 무대로 활약할 수 없다는 논지의 책을 쓴 사람도 있었던 것 같은데, 사실 강하게 밀어붙이는 영국 장사꾼을 상대로 어중간한 미소 작전은 꽤 잘 통한다.

이를 치료받아야 하기 때문에 이쪽도 딱 잘라 "노"라고 거절하기는 어렵고, 쓸데없이 질문 같은 걸 했다가는 상대방의 영업에 더욱 박차를 가하는 셈이다. 그래서 그저 침묵하며 어중간하게 웃는 것이다. 그러면 상대방은 '어중간한 손님이네. 흐리멍덩한 녀석이야. 무슨 생각을 하는지 전혀 모르겠어.'라고 생각하면서도 적당히 영업을 해보지만, 아무리 힘써도 전혀 반응이 없기에 결국 한 걸음도 앞으로 나아가지 못한다.

어중간한 일본인은 치과에서 집에 돌아온 뒤 장사꾼이 "우리는 아고스(저렴한 가격으로 유명한 유통업체)보다도 싸게 팔아."라고 했던 전동 칫솔을 아고스의 카탈로그에서 찾아보고는 '흥, 당신네가 20퍼센트 비싸. 내가 이럴 줄 알았다니까.'라고 득의양양한 미소를 지으며 차를 마셨다.

정말이지 교활하고 방심할 수 없는 장사꾼이다.

납세자의 우국론: 저지 패션

　내가 아직 어린 아가씨였던 시절, 친구 중에 그야말로 패션 빅팀fashion victim[9]의 표본이라 할 만한 청년이 있었다. 1980년대의 어느 날, 그가 뜬금없이 위아래 모두 저지로 된 운동복을 입고 도쿄 한복판에 나타나서 말문이 막힌 적이 있었다.

　친구는 태연한 표정으로 "이게 최신이야. 런 디엠씨Run-DMC[10]의 뮤직비디오 봤어? 쓰바키 하우스[11]에 가서 보면 유명한 사람들 전부 아디다스라고. 앞으로는 저지의 시대야."라고 했다. "우오오오이예에에에에에에에."라고 노래하며 힙합 걸음으로 무릎을 굼

---

9 자신의 체형이나 경제 사정을 고려하지 않고 최신 유행을 따르는 데 급급한 사람을 뜻한다.
10 1980년대를 대표하는 미국의 힙합 그룹.
11 1975년 도쿄 신주쿠에 문을 열었던 디스코텍.

틀굼틀 굽신거리면서 거리를 걷는 친구가 동행자로서 매우 부끄러웠다.

최신 유행인지 뭔지는 모르지만, 그 옷차림 이상하고 볼품없는데. 흑인이 입었을 때 멋진 옷이 우리 황인종한테도 어울리라는 법은 없어. 나는 마음속으로 그렇게 생각했지만, 입 밖에 내지는 않았다. 그 시절, 나는 과묵했기 때문이다. 게다가 그 친구라는 녀석은 말콤 맥라렌Malcolm McLaren[12]을 경애할 만큼 달변가에 처세술도 뛰어난 천벌 받을 놈이라서 입씨름으로는 내가 질 게 뻔했다.

돌이켜보면 내가 저지 운동복을 패션으로 입은 사람을 본 건 그때가 처음이었다.

그로부터 정신이 아득해질 만큼 세월이 지났고, 현재 나는 날이면 날마다 저지 운동복만 입는 하얀 젊은이들을 보면서 생활하고 있다. 사실 저지 운동복이라 하면 어폐가 있을지 모르겠다. 저지 패션도 시대가 흐르며 조금씩 변화했고, 요즘은 '트랙 슈트'라는 이름으로 젊은이들의 패션 중 일부로 정착했다고 한다. 하지만 그래 봤자 저지는 저지다. 멍청이들.

---

12 영국의 록 밴드 매니저, 패션 디자이너, 기업가. 섹스 피스톨즈와 비비안 웨스트우드 등의 성공에 지대한 영향을 미쳤다.

도대체 왜 틴에이저가 그토록 저지에 홀리는지는 모르지만, 그 녀석들은 어쨌든 마음을 빼앗기고 만다. 여자애들은 대체로 상하의 저지 차림에 긴 머리카락을 포니테일로 묶고 귀에는 커다란 피어스를 매단다. 사내놈들은 과하게 헐렁한 배기팬츠[13]에 상의로 저지 운동복을 입는데, 그 속에 아무리 그래도 저 조합은 아니지 않나 싶은 초록색에 하얀 선이 두 줄 들어간 옷 같은 걸 입는 녀석도 있다. 아무튼 그런 녀석들이 스무 명 정도 모인 패거리가 줄줄이 걸어다니는 것이다. 내가 거주하는 시골의 빈민 지구를.

어째서 저놈들은 함께 걷기도 어려울 만큼 잔뜩 모여서 망나니처럼 어슬렁대는지 배우자에게 물어보니 "빈민가의 틴에이저는 오래전부터 저랬어. 각자 파벌이라고 할까, 그룹이 있고 서로 싸우니까 저렇게 인원수로 위협하는 거야."라고 했다. 즉 저들이 현대 영국 노동자 계급의 틴에이저 갱gang이라는 건가. 저 운동복 무리가?

나는 외국인이니까 남의 나라를 이러쿵저러쿵 걱정할 필요는 없겠지만, 그래도 납세자의 입장에서 한

---

13 자루처럼 넉넉하고 폭이 넓은 바지를 가리킨다.

마디 하자면 작금의 하얀 불량배들은 너무나 우스꽝스럽다. 흑인 음악에서 비롯된 저지 패션을 불량배가 유니폼으로 입다니, 하얀 인간들이 그런 옷을 걸쳐 봤자 육상부가 단체로 돌아다니는 것 같을 뿐이다.

애초에 저 녀석들은 앞선 세대의 청년들이 얼마나 멋졌는지 알기는 할까. '화이트 라이어트White Riot'는 어디로 사라졌을까, 그 하얀 폭동은.[14] 너희 부모 때는 슬림한 청바지를 입고 머리카락을 곧추세워 보기만 해도 주눅이 드는 강경파 영국 노동자 계급 청년들이 전 세계를 뒤흔들었다고. 어쨌든 그다음 세대인 네놈들이 왜 그토록 헐렁한 운동복 차림으로 싸돌아다니는 거냐.

그리고 더욱 성질나는 지점은 녀석들의 악행이 그들이 즐겨 입는 패션에 비춰 보았을 때 전혀 의미를 알 수 없는 헛짓이라는 것이다. 녀석들의 취미는 무리지어 유색 인종이 경영하는 상점의 영업을 방해하는 것이다. 작년 여름에는 신문 가판대의 인도인 점주가 팔을 찔리는 유혈 사건까지 일어났다.

---

14 「화이트 라이어트」는 더 클래시의 첫 앨범에 실렸던 곡이다. 자신의 권리를 위해 투쟁하는 흑인들처럼 백인 청년들도 날뛸 만한 가치가 있는 이유를 찾으라는 메시지를 담고 있다.

도대체 녀석들은 자기가 입는 패션이 유색 인종의 프로테스트 뮤직protest music[15]에서 비롯되었다는 걸 인식하고는 있을까?

얼마 전에도 저지 군단이 콘크리트 담장에다 스프레이로 낙서하는 장면을 보았는데, 뭘 착각하고들 계신지 피처럼 붉은 글자로 'KKKKu Klux Klan'[16] 등을 쓰고 있었다.

대체 KKK가 뭔지는 알까.

흑인 힙합 그룹인 런 디엠씨가 백인지상주의를 추종하는 KKK의 사상에 심취해서 어쩌자는 것인지. 진짜 멍청이냐, 네놈들은.

이런 일들만 계속 일어나니 아무리 온화한 동양인이라 해도 이제는 나긋나긋하게 '아이고.' 하는 심경을 뛰어넘어 격노와 흥분으로 뇌 속이 대폭발하여 거미막하출혈이 일어나 뚜껑이 열리기 직전인 것이 요즘 내 상태입니다. 어디까지나 유색 인종 납세자 나부랭이로서 말입니다.

---

15 정치적 저항의 의미를 담은 음악을 가리키는 말이다. 힙합은 본래 흑인 사회에서 자유와 저항을 노래하며 시작되었다.
16 쿠 클럭스 클랜. 백인우월주의, 반유대주의, 반가톨릭, 반동성애 등을 내세우는 미국의 비합법적 비밀 단체. 줄여서 'KKK'라고 부른다.

창가 자리의 어리석은 자들

내가 런던의 모 일본계 기업에서 일하던 무렵의 이야기다. 그곳에서는 도쿄 본사가 파견한 일본인 사원이 영국인 사원과 현지 일본인 사원의 상사로서 업무를 지휘했는데, 나 같은 건 사내의 피라미드에서 가장 밑바닥인 어시스턴트를 맡고 있었다. 대기업의 파견지였던 만큼 영화에 등장할 법한 치열한 권력 다툼과 출세 경쟁 등이 현실에서 어떻게 일어나는지 생생하게 관람할 수 있었다.

당시 나는 드라마 「가정부는 봤다!家政婦は見た!」[17]의 주인공이 된 기분이었다. 젊은 엘리트들께서 파견을 올 때마다 '과연 대기업에서 출세하려면 저런 사람이

---

17 일본에서 1983년부터 2008년까지 비정기적으로 방영했던 일본의 드라마 시리즈. 주인공이 파견 가정부로 상류층 가정에서 벌어지는 음모, 추문, 소동 등을 지켜보다 마지막에 관계자들 앞에서 모든 일을 폭로한다.

어야 하는구나.'라고 그들의 '우량주'다운 모습에 감탄했는데, 그중에 단 한 명, 구제할 여지가 없는 '잡주'가 있었다.

그는 미국에서 태어나 10대에 일본으로 돌아온 탓에 일본어가 대단히 서툴렀음에도 귀국 자녀를 위한 전형을 이용하지 않고 자력으로 일본 굴지의 국립 대학교에 합격했다고 한다. 즉, 그야말로 엘리트에 어울리는 두뇌를 지닌 것이다. 그렇지만 맙소사. 그런 그가 '펑크' 따위에 홀려버리는, 전혀 엘리트와 어울리지 않는 심장을 지녔으니 세상이란 참 얄궂은 법이다.

애초에 '펑크 록'과 사랑에 빠진 정도라면 딱히 문제는 없었을 것이다. '펑크' 자체에 홀리지만 않았다면. 하지만 그는 '펑크 록'뿐 아니라 '펑크'에도 빠져버린 어리석은 자였기 때문에 대기업의 출세 경쟁에서 보기 좋게 패배를 거듭했다. 절차를 무시하고 윗선에 바로 간언하는 성격이 화가 되어서.

나는 말단에 불과했기 때문에 출세 경쟁과는 아무 상관이 없어야 했지만, 현지에서 채용된 말단들 사이에서도 자잘한 수준의 권력 투쟁이 있었고, 나 역시 보기 좋게 연패를 했다. 엘리트들께 너무 솔직히 말하는 성격이 화가 되어서.

이러저러하는 사이에 정신 차리고 보니 나와 그

는 창가 자리에 단둘이 마주 보고 앉게 되었다. 하하하, 창가 자리의 왕따라니, 이제는 없어진 개념 아니었나. 둘이서 그렇게 웃으며 다종다양한 박해와 수치를 견디게 되었던 것이다.

그러던 어느 날, 그가 무언가 큰일을 저질러서 곧장 일본에 돌아가게 되었다는 이야기를 들었다. 마주 앉기는 했지만 항상 조용히 컴퓨터를 볼 뿐이었기 때문에 그가 그처럼 큰일을 저지를 것이라고는 생각하지 못했다. 회사에서도 그가 저지른 일에 관해 함구령을 내려서 말단 여자 직원에게 그런 기밀 사항을 알려줄 리는 없었고, 나 또한 굳이 당사자에게 물어보려고 하지는 않았다.

귀국이 일주일 뒤로 다가온 어느 날, 그가 한잔하지 않겠느냐고 말을 걸었다. 우리는 회사에서 조금 떨어진, 엘리트들께서는 실수로라도 절대 가지 않을 것 같은 펍으로 갔다. 그는 음악에 대해 즐겁게 이야기하며 대화를 시작했지만, 세 번째 잔을 비우면서 자기가 귀국해야 하는 이유를 조금씩 말하기 시작했다.

애초에 그는 원어민 수준의 영어 실력을 높이 평가받아 런던에 부임한 사람이었고, 영국에서 그가 맡은 임무란 도쿄 본사가 적극적으로 투자하고 있는 영국계 기업에 대한 감시였다. 그 때문에 그는 일주일에 절반은 투자처인 영국계 기업에서 일했고, 그곳에도 사이가 좋아진 사람들이 있었다. 특히 그의 조수로 일하는 동년배 영국인 청년과는 찰떡같은 호흡으로 업무를 추진할 만큼 각별한 사이가 되었다고 했다.

그렇지만 그쪽 회사에는 그쪽 나름의 권력 투쟁이 있었다. 친했던 영국인 청년은 다른 사람의 실수로 실패한 프로젝트의 책임을 뒤집어쓰면서 해고를 당했다. 그는 격노했다. 그의 영어 실력이 주위에서 일어나는 일을 제대로 파악하지 못하는 정도였다면 다행이었을 텐데, 그는 겉보기만 일본인일 뿐 영어 원어민이었다. 그 사실을 모르고 그가 있는 화장실이나 직원 식당 등에서 가증스러운 이야기를 늘어놓는 멍청한 영국인들이 있었다. 그 때문에 그는 비열하기 그지없는 '책임 전가 사건'의 전모를 알아버렸던 것이다.

모든 걸 알게 된 그가 어떻게 행동했을까.

전에도 그랬듯이 또다시 절차를 무시해버렸다.

그 영국계 기업의 담당 부서 책임자 앞으로 직접 편지를 보냈다나.

'이렇게 썩어빠진 우리 회사의 내부 사정을 고발해주다니, 땡큐.'라고 상대방이 감사해하는 것은 영화 속에나 있는 이야기다. 그처럼 호방한 회사는 영국에도 존재하지 않는다.

어느 날, 도쿄 본사의 어느 이사에게 영국계 기업의 사장이 보낸 항의 메일이 도착했다.

'귀사의 사원에게 우리의 인사까지 간섭받고 싶지는 않다'는 취지였다고. 강경한 영어 메일을 받으면 어쩔 줄 모르는 일본 기업의 약점을 간파한 듯한 분노의 메일이었다고 한다. 아니나 다를까 우리가 몸담고 있던 일본 기업의 이사회에서는 벌집을 건드리고 말았다는 듯한 큰 소동이 벌어졌고, 그 결과 최대한 서둘러 그를 귀국시키기로 결정한 것이다.

"간단히 말하면 남 일 때문에 싸워서 귀국당하는 거네. 어리석구만."

"하지만 이상한 일은 이상하다고 말해야만 해서."

"어릴 때 클래시를 좀 지나치게 들은 거 아냐?"

"너무 많이 들었죠, 정말."

"그냥 듣고 끝냈으면 좋았을걸."

"그러게요."

"엘리트의 자질은 충분하니까 그 어리석은 성격만 고치면 될 것 같아."

"그런데 고칠 수 있을까?"

"그래도 서른밖에 안 된 청춘이 창가 자리 인생이

라니 너무하잖아."

"확실히 그렇긴 하네요."

그러면서 웃었던 그는 그 뒤에 일본에서도 지방으로 좌천되어 더욱 심한 수치, 고통, 박해를 견뎌야 했는데, 드디어 출세 코스로 복귀했는지 작년에 도쿄 본사로 발령을 받았다고 했다.

그렇지만 이야기는 여기서 끝이 아니다.

연말에 도착한 그의 크리스마스카드에 아무리 봐도 불길한 문장이 적혀 있었던 것이다.

"최근 들어 마음속에서 펑크가 되살아났어요."

심지어 어쩐지 으스스한 기합이 느껴지는 붓펜 글씨였다.

그래서 나는 "그런 건 되살리지 않는 게 좋아."라고 빨간 펜으로 답장을 썼다.

"이봐, 뭘 크리스마스카드를 그렇게 히죽거리면서 써."라는 배우자의 지적을 들으면서.

최루가스와 휴가

5년 정도 전에 프랑스로 여름휴가를 다녀왔다. 프랑스에서 바캉스라니 듣기에는 좋지만, 우리는 타고난 노동자 계급 부부다. 저렴하기로 유명한 R항공이 모 신문사와 함께 진행한 판촉 행사에 응모하기 위해 매일매일 신문에서 응모권을 잘라 모았고, 결국 런던 스탠스테드 공항에서 프랑스의 디나르Dinard라는 곳에 왕복 2파운드로 다녀올 수 있었다. (사실 공항세와 수수료까지 내니까 정말로 2파운드에 다녀온 셈은 아니지만.)

나와 배우자는 평소처럼 현지에서 작은 호텔을 찾아서 숙박했다. 우리는 3성급이니 4성급이니 하는 간판이 붙은 훌륭한 호텔에 묵어본 적이 없고, 지금도 백팩을 메고 무작정 떠나서 현지의 싸구려 호텔을 찾는다. 그처럼 자유로운 여행 방식을 고수하는 이유는 결코 젊은 척을 하려는 것이 아니다. 둘 다 야무지지 못해서 젊은이들 못지않게 가난하기 때문이다.

빈곤한 바캉스를 그럭저럭 즐긴 우리는 그래도 마지막 날 밤에는 맛있는 걸 먹기로 했다. 나와 배우자는 해산물 레스토랑으로 갔다. 디나르는 바닷가에 자리했기에 당연하게도 어패류를 사용한 음식이 향토요리였는데, 전문 레스토랑에 가보니 전체 길이가 70센티미터에 이르는 나무배의 갑판에 갑각류가 줄지어 놓인 음식이 떡하니 나오기도 했다. 갑각류가 아닌 생선회를 놓았다면 그야말로 후쿠오카의 명물 요리와 똑같았을 것이다. 해변에서 살아가는 사람들의 발상이란 전 세계 어디나 비슷한 것일까.

아무튼 반갑다느니 맛있다느니 하며 실컷 먹고 마신 우리는 바에서 진을 더 마시고 호텔로 돌아갔다. 너무 배불러서 힘들다며 생수를 마시는데, 바깥이 시끄러웠다. 누군가가 복도에서 말다툼을 하는 것 같았다. 쌍스러운 말이 내 귀에도 들리는 걸 보니 영국인이었다. 심지어 남자와 여자. 사랑싸움인 듯했다.

그런데 무슨 사랑싸움이 끝나질 않았다. 끝나기는커녕 여자가 "그만해!"라고 소리치기 시작하기에 내 배우자도 복도로 뛰어나갔다. "그만해! 이 자식, 뭐 하는 거야! 여자를 때리는 남자는….."이라고 배우자가 화내는 목소리가 울려 퍼지고 갑자기 여러 남자의 뜻 모를 외침이 들리는가 싶더니 "우웃." "켁켁."
"으악." 등 신음과 비명이 무작위로 중첩되었다. 대체
무슨 일인가 싶어서 통로를 내다보자 손으로 눈을 누
르고 있는 배우자가 "오지 마! 문 닫아, 이 바보야!"
라고 괴로워하면서 무릎걸음으로 내게 다가왔다.

배우자의 외침에도 이미 한발 늦은 나는 범상치
않은 자극에 습격당한 채 비틀거리면서 욕실로 갔다.
나는 이대로 죽는 건가? 그렇게 허탈해하면서 변기에
매달렸는데, 배우자도 욕실로 들어오더니 세면대에
물을 콸콸 틀었다.

"눈 닦아. 최루가스야."

뭐? 그 순간 위 속에서 온갖 것들이 치밀어올라
있는 힘껏 토했다. 그와 동시에 눈물이 뚝뚝 떨어졌다.

뭐가 뭔지 전혀 알 수 없었다. 우리가 휴가라고
들떠 있던 사이에 영불전쟁이라도 터진 건가?

그렇지만 그 일은 전쟁 때문에 벌어진 것이 아니
었다. 한밤중에 영국인이 소란을 피우자 호텔 사장이
경찰에 신고했던 것이다. 즉, 복도에서 싸우던 커플과
내 배우자를 프랑스 경찰이 최루가스로 진압한 것이
다, 나 원 참.

어쨌든 그날 밤 맛본 처절한 고통은 지금도 잊을
수 없다. 배부르게 어패류를 먹고 알코올을 대량 섭취

한 다음 화학병기에 당한 것이다. 심지어 싸구려 호텔의 비좁은 복도에서. 화학병기가 효력을 최대한 발휘할 법한 상황이었다. 그 덕분에 나는 더 이상 나올 게 없을 정도로 배 속에 든 것을 모조리 토해냈고, 해가 뜰 때까지 변기 옆에 쓰러져 있었다.

다음 날 아침, 배우자는 호텔 프런트에서 분노를 폭발시켰다. "나는 싸움을 말리려고 끼어들었을 뿐이야. 아내는 밤새도록 웩웩 토하고, 여행 마지막 밤인데 엉망진창이 됐다고. 애초에 겨우 그런 일에 최루가스를 쓰는 게 정상이야? 취해서 소리 지르는 영국인이 모두 훌리건hooligan[18]이라고 착각하지 마. 우리는 온순하고 착실한 여행자라고!"

나는 너무 큰 소리를 내면 또 가스 공격을 받지 않을까 정신이 없었다. 배우자가 폭력을 휘두르지 않을까 우려했는지, 아니면 수척해진 나를 동정했는지 호텔 사장은 마지막 밤의 숙박비를 받지 않겠다고 하고 와인을 한 병 주었다. 하지만 우리는 한동안 술이라면 꼴도 보기 싫을 만큼 기진맥진한 상태였다.

---

18 경기장 등에서 폭력을 휘두르는 광적인 스포츠 팬을 가리키는 말. 처음에는 영국의 축구 팬 중 일부를 가리키는 말이었으나 현재는 나라와 종목을 불문하고 폭력적인 팬들에게 쓰이고 있다.

훗날 그날의 이야기를 영국에 놀러 온 프랑스인 친구에게 들려주니 그가 다음과 같은 의견을 남겼다.

"프랑스 월드컵 때 텔레비전 뉴스에 영국의 훌리건이 거리에서 폭력을 휘두르고 난동 피우는 장면이 자주 나왔거든. 지방에 사는 사람, 특히 작은 호텔의 개인 경영자들은 영국에서 오는 관광객들에 과민해져 있어. 무엇보다도 자기 호텔의 내부가 파손되어서 피해를 입기는 싫을 테니까. 게다가 디나르라면, 영국을 오가는 저렴한 노선이 열린 지 얼마 안 되어서 영국인 손님이 익숙하지도 않았을 거야."

"아무리 그래도 느닷없이 최루가스로 공격한다고?"

"음, 그 사건 전부터 너희를 요주의 인물로 눈여겨봤을지도 모르지."

"왜?"

"그러니까 눈빛이 험악한 영국 남자랑 해외여행을 할 때는 조심해야 한다는 말이야."

그 후, 유럽의 다른 국가로 갈 때는 배우자에게 되도록 선글라스를 쓰라고 한다. 아무리 더워도 상반신 탈의에 반바지 한 장만 입는 건들거리는 차림이 아니라 반듯하게 셔츠를 입혀서.

노란 캡, 하얀 캡

튀르키예의 작은 휴양지에 일주일 동안 휴가를 다녀왔다. 투룬치Turunc라는 그 어촌은 영국인 관광객에게 인기가 많은 휴양지인 마르마리스Marmaris에서 자동차로 40분 정도 산을 넘어간 곳에 있는데, 유럽에서 오는 관광객, 그중에서도 영국인 관광객을 유치하려고 중심가를 포장하거나 멋들어진 호텔과 레스토랑을 세우는 등 최근 들어 적극적으로 유럽화를 진행했다고 한다.

그렇지만 작년 11월에 이스탄불에서 벌어진 자폭 테러의 영향으로 영국인 관광객은 현저히 줄어들었고, 그와 반대로 러시아와 독일에서 관광객이 늘어난 모양이었다. 9·11 테러가 일어나기 전에는 관광객 대부분이 영국인이었는지 레스토랑과 바의 벽에 "잉글리시 브렉퍼스트" "비어 앤드 칩스" "로스트 비프" "트와이닝스 티" 같은 메뉴가 붙어 있어 예전 흔적을 엿볼 수 있었다.

　런던의 일본계 기업에서 일하던 시절에 동료인 영국인 여성이 "일본에서 출장을 온 중역들은 왜 런던까지 와서 아침에 일식을 먹을 수 있는 호텔을 찾는 거야? 로마에 가면 로마법을 따라야지."라고 불만을 토로한 적이 있는데, 그 말을 그대로 영국인들에게 돌려주고 싶다. 스페인에 가서도, 이탈리아에 가서도, 그리스에 가서도, 심지어 힘들게 튀르키예의 변두리 어촌까지 가서도 변함없이 아침에는 하인즈의 통조림 콩, 베이컨, 소시지, 달걀프라이를 먹으려 하는 영국인들 역시 전혀 로마법을 따를 생각이 없지 않은가. 그런 구석은 영국인과 일본인이 똑같다.

　그 외에도 '만만한 호구라고 여겨지기에 이것저것 강매를 당한다.'라든지 '바가지 씌우기 쉽다.'라든지 '외국어로 소통하는 데 약하다(이 점은 영국인이 일본인보다 심하다. 무조건 영어로만 밀어붙인다).'라든지 해외여행에 나선 영국인과 일본인의 공통점은 꽤 많다.

　그와 더불어 여행 중의 캡cab 문제도 똑같다. 지금 말하는 캡이란 도로를 달리는 택시를 가리키는 게 아니다. '일본인 여성은 해외에서 외국인 남성과 너무 쉽게 일을 치르기에 옐로 캡이라고 불리고 있다.'라는 오래전 일본에서 화제가 되었던 그 캡 문제다.

해외에서 '손쉽게 탈 수 있다.'라는 평가를 받는 것은 사실 야마토 나데시코[19]만이 아니다. 잉글리시 로즈english rose[20]들도 지중해 및 에게해 연안의 휴양지에서는 '손쉬운' 캡으로 위명을 떨치고 있다. 이쪽은 화이트 캡이라고 불러야 할까.

옐로 캡은 금발 벽안이나 흑인에게 약하다는 것이 통설이었을 텐데, 화이트 캡은 아무래도 구릿빛 피부에 흑발에 눈동자가 까만 라틴계 혹은 아랍계에 약한 듯싶다.

튀르키예에서도 심야에 바에서 현지인 웨이터에게 아양을 떠는 잉글리시 로즈들을 많이 목격했다. 그중에는 꽤 연식이 있는 대형 캡도 있고, 그런 구식 캡들은 단체로 아양 투어를 오는 경우가 많다고 한다.

튀르키예, 특히 나와 배우자가 간 곳 같은 시골 어촌의 청년들은 한여름에도 다른 사람들 앞에서 대담하게 맨살을 드러내지 않는 이슬람교도 여성밖에 본 적이 없다. 그러니 비키니 차림에 있으나 마나 한

---

19 오래전부터 일본 여성의 아름다움을 뜻하는 말이었지만, 시간이 흐르며 남성에게 헌신하고 정조를 중시하는 여성을 가리키는 말로 변질되었다.
20 영국 문화에서 아름다움과 순수함을 타고난 여성을 가리키는 말이다.

천을 허리에 두르고 거리를 활보하는 백인 여성을 보고 못 본 척하라는 것은 무리한 주문이다. 게다가 상대가 먼저 덤비고 들면 나도 모르게 응전해버리는 것이 사람 마음이겠지.

그런데 캡 중에는 불특정 다수의 손님을 태우기보다 특정한 인간만 태우는 걸 좋아하는 프라이빗 캡도 있다. 그런 잉글리시 로즈들은 '현지 남성과 결혼한다.' '현지에 정착한다.' '현지에서 일한다.'라는 코스를 따른다고 한다.

그런 여성들은 현지의 여행사 등에서 영국인 관광객을 상대로 일하는 경우가 많은데, 나와 배우자가 매일같이 다닌 호텔 근처의 바에도 튀르키예인 남성과 결혼해서 현지에 정착한 영국인 여성이 일하고 있었다. 그는 튀르키예에서 산 지 9년이 되었다고 했다. 영국에 남편도 아이도 있지만, 40세가 된 기념으로 혼자 해외여행을 떠났다가 현재의 남편과 만나 사랑에 빠졌고, 영국에서 하던 결혼 생활을 청산한 다음 튀르키예로 이주했다고. 그야말로 영화 「셜리 발렌타인」을 현실에 옮긴 듯한 인생이다.

"영국 여자가 해외에 남자를 낚으러 간다고들 하는데, 그래서 행복해진다면 남이 뭐라고 떠들든 행복해진 사람이 이긴 거야."라고 그는 여유롭게 말했다.

햇빛에 새카맣게 그을린, 유난히 배짱 넘치는 잉글리시 로즈였다.

내가 옐로 캡에 관해 이야기하자 그는 말했다.

"일본도 영국도 남자들이 시시해서 그런 거 같은데. 일본 남자들은 흐리멍덩하니 뭔가 부족해 보이고, 영국 남자들은 툭하면 우울해져서 불만만 늘어놓으니까 성가셔."

불현듯 입을 다문 나를 눈치챘는지 옆에서 신문을 팔락팔락 넘기던 배우자가 한밤중인데 쓸데없이 선글라스를 끼며 말했다.

"이봐, 나를 왜 봐. 나는 국적이 영국이지만, 혈통적으로는, 거기, 아일랜드라고."

영국 남자를 버리는 캡이 있는가 하면, 태우는 캡도 있는 것이다.

알고 보면 지구란 그런 느낌으로 돌아가는 곳인지도 모른다.

후일담

보육원에서 일하던 시절의 동료가 결혼해서 튀르키예로 갔기에 지금도 튀르키예에는 자주 간다. 작년 2016년에도 쿠데타 직후에 바캉스를 다녀왔다.

납세자의 우국론: 진료소

병에 걸렸다. 그래도 이렇게 글 같은 걸 쓸 수 있으니 생명에 별다른 지장은 없다. 서 있지 못하는 것도, 걷지 못하는 것도 아니다. 즉, 병에 걸린 평범한 상태다.

그렇지만 영국에서는 평범하게 병에 걸리면 큰일을 당한다. 의사가 지나치게 바빠서 마주 앉아 말 좀 섞어보려고만 해도 엄청난 고생을 해야 한다.

알고 있겠지만 영국에서는 NHS라는 의료 제도를 이용하면 의료비가 무료다. 의사와 만나도 전혀 돈을 낼 필요가 없는 것이다. 꿈같은 나라다. 그래서 모두가 안심한다. '무슨 일이 있어도 나라가 돌봐줄 테니까 좀 무모한 짓을 해도 괜찮아.'라고 생각해서 술에 취해 난투를 벌여서 머리통을 깨뜨리고, 약물을 마음껏 섭취해서 혼수상태에 빠지고, 지루하니까 자기 몸을 난도질하는 놈들이 속출한다.

응급실에서 간호사로 일하는 지인에 따르면, 주

말에 구급차로 실려 오는 환자 중 대략 절반은 그런 분들이라고 한다. 그런 분들은 병원에 실려 왔을 때 위급도가 높은 경우가 많기 때문에 우선해서 처치실로 들어가는 반면, 사고로 다리가 부러진 아이는 몇 시간이나 복도에 방치되는 일이 비일비재하다고 한다.

그래도 구급차로 실려 가면 최소한 의사를 만날 수는 있지만, 문제는 평범하게 병에 걸려 스스로 병원을 오갈 수 있는 경우다.

영국에는 GP 제도라는 것이 있다. GP general practitioner란, 뭐, 간단히 말해 주치의 같은 것이다. '주치의'라고 하면 어딘지 상류층처럼 들리겠지만, 영국에서는 회사원에게도 실업자에게도 홈리스에게도 주치의가 있다. 국가가 지정한 주치의에게 등록하지 않으면 NHS를 이용할 수 없기 때문이다.

그래서 내과의 병에 걸리든, 외과의 병에 걸리든, 이비인후과의 병에 걸리든, 환자는 일단 단골 진료소의 주치의를 만나야 한다. 그리고 주치의는 환자의 이야기를 듣고, 흘끗 환부를 진찰한 다음 그 지역 전문의에게 소개장을 쓴다. 그리고 이 편지를 전문의의 병원에 가져가면 병원의 사무직원이 담당 의사의 일정을 확인하고, 환자의 진료 일정을 결정하여 환자에게 알린다. 그리고 멋대로 정해진 진료 일정을 보고 '아, 그날은 좀 힘든데.' 싶으면 병원에 전화해서 예약 일정을 변경해달라고 할 때도 있지만, 그런 짓을 했다가는 예약이 몇 개월 뒤로 밀리기 십상이기 때문에 대체로는 정해진 날짜와 시간에 맞춰 어떻게든 병원에 간다.

자, 그래서 여기까지 도달해야 비로소 내가 걸린 병을 정식으로 치료할 수 있게 된다.

앞서 '그리고'가 자주 등장한 것에서 짐작할 수 있지만, 아무튼 시간이 많이 걸린다. 전문의를 만나는 과정을 밟는 데만 2개월 정도 걸리는 일도 드물지 않다. 왜냐하면 일단 주치의가 있는 진료소에 예약을 잡는 것부터 어렵고, 전문의에 이르면 몇 주 동안 예약이 꽉 차 있는 경우가 적지 않기 때문이다.

내 주치의는 솔직하고 분명하게 말하는 사람인데 "내가 환자 한 명에게 쓸 수 있는 시간은 약 7분밖에 안 돼. 그러니까 한 번 예약을 잡고 여러 건을 상담하지는 말아줘."라고 했다. 다시 말해, 당뇨병 때문에 왔지만 중이염도 걸렸으니까 이비인후과 전문의도 소개해달라는 건 안 되고, 그럴 때는 당뇨병 한 번에 중이염 한 번, 총 두 차례 예약을 잡아서 오라는 것이다.

애초에 이 주치의라는 양반들은 스스로 아무 처치도 하지 않고 그저 이야기를 듣고 소개장을 써줄 뿐이니 전문의 알선업자 같은 존재들이다. 그런데도 이들을 거치지 않으면 전문의를 만날 수 없는 구조라서 전국 방방곡곡 모든 진료소는 바쁘기 그지없다. 어째서 일본처럼 몸이 아프면 정형외과·호흡기내과·소화기내과·비뇨기과 등 내가 앓는 병의 전문의가 있는 병원에 직접 갈 수 있는 시스템으로 하지 않은 것일까.

　나아가 NHS를 이용해 무료로 진료받을 수 있는 제도를 폐지하면 지금보다 병원 이용자의 수도 훨씬 줄어들 것이다. 애초에 국가의 의료 제도를 이용하면 무료지만, 개인적인 의료 기관을 이용하면 의료비 전액 자기 부담이라는 것 자체가 너무 극단적이지 않나. 일본처럼 그 중간을 택해서 국립병원에 가든 민간 병원에 가든 모든 국민이 동등하게 의료비 중 일부를 부담하는 방식으로 하면 좋을 것이다. 일부 부담이라면 가난한 사람도 낼 수 있다. 중용의 마음가짐을 잊지 말라는 말이다.

　이런 대안을 제기하던 나는 병이 조금도 호전되지 않기에 일단 시판 약을 사서 먹고 전혀 효과가 없는 것을 확인한 다음 진료소에 전화를 걸었다. 시판 약을 복용해보는 것이 핵심인데, 주치의를 만나면 반드시 "시판 약은 먹어봤어?"라고 묻기 때문이다. '아마추어의 판단으로 시판 약을 먹지 말고, 의사의 진료를 받는 게 낫다.'라는 사고방식은 이 나라에 존재하지 않는다. 의사를 번거롭게 하기 전에 자신의 병은 스스로 치료하는 노력을 합시다. NHS 홈페이지에도 이렇게 적혀 있다. 어디까지나 자기 책임의 나라인 것이다. 하지만 나는 내 병만은 DIY로 고치고 싶지 않다.

그런데 내가 한동안 진료소에 가지 않은 사이 사태가 더욱 악화된 것 같았다.

진료소에 전화를 걸어도, 이제는 예약조차 접수해주지 않는 것이다.

"왜 예약할 수 없나요?"

"올해 들어서 저희 진료소의 예약 정책이 변경되었습니다. 매일 아침 8시부터 당일 진찰의 예약을 받고 있습니다. 그 외에 예약은 받고 있지 않습니다."

"그러면, 뭐냐, 즉, 아침 8시에 예약을 하고 그날 진료소에 오라는 건가요?"

"네, 대략 8시부터 50분 내에 예약이 꽉 차니까 가능한 빨리 전화를 주시는 게 좋아요."

맙소사. 영국인이라는 사람들은 나 따위가 이해할 범주를 아득히 뛰어넘는 불합리한 방법을 고안하고는 자기들이 완전히 합리적인 답을 찾았노라 믿는 경우가 있는데, 이게 바로 대표적인 사례 아닐까.

아침 8시부터 당일 예약을 하라고 하는데, 가령 통근 중인 사람은 어떻게 하라는 말인가. 자동차를 운전하면서 휴대전화를 쓰면 경찰한테 붙잡힌다고. 게다가 그런 방식으로 예약을 접수하면 아침 9시 진료는 어떡하나. 8시 10분에 전화했는데 9시 진료만 비어 있다고 해서 사실 오후가 좋지만 어쩔 수 없다며 서둘러서 집에서 뛰쳐나갔지만 아침의 러시아워에 휘말리는 바람에 9시까지 도착하지 못하는 경우는 어떻게 하냐는 말이다. 8시 예약에 9시 진료를 받는 것은 시간이 너무 촉박하지 않을까.

그런 식으로 이의를 제기해 봤자 병은 조금도 호전되지 않기 때문에 진료실의 규칙에 따라 이튿날 아침 전화를 걸기로 했다. 7시 59분에 전화해보니 진료소의 전화기는 부재중을 알렸다. 그래서 8시 0분 0초를 기다려서 재다이얼했다.

그랬는데, 이미 전화가 연결되지 않았다. 통화 중을 알리는 삐삐 소리. 수화기를 내려놓고 재다이얼. 삐삐. 재다이얼. 삐삐. 이런 짓을 서른 번 정도 반복했을까. 간신히 통화가 연결되었는데, 수화기 너머의 언니가 이렇게 말하는 것이 아닌가.

"오늘 예약은 마감되었습니다. 내일 다시 연락 주세요."

도대체 지금 내가 전화를 건 곳이 로비 윌리엄스의 콘서트 티켓 사전 발매처라도 된다는 말인가. 기껏

해야 의사를 만나는 것인데 어째서 이토록 치열한 전투에 참가해야 한다는 말인가. 환자라고, 이쪽은.

이러쿵저러쿵하며 분노를 터뜨려도 병은 전혀 낫지 않기 때문에 이튿날 아침, 다시 전투에 참전했다. 이번에는 7시 59분 31초에 전화. 그랬더니. 대번에 통화가 연결되는 것 아닌가.

"L 선생님께 진료를 받으려 하는데요."

"몇 시로 예약하시겠어요?"

순조롭게 진행되나 했는데, 갑자기 전화가 끊겼다. '이게 대체 뭐야!'라고 뚜껑이 열려 재다이얼 버튼을 계속 누른 끝에 간신히 통화가 연결되었을 때에는 이미 예약이 가득 차 있었다.

"아까 전화가 끊겼어요."라고 항의했지만 "왜 그랬을까요."라고 얼버무리고는 "내일 다시 전화 주세요."라고 밀어내버렸다. 납득할 수 없어. 납득하지 못한 채 언니의 말에 따를 수밖에 없었다. 그런 일로 이러쿵저러쿵 싸워도 병은 전혀 낫지 않기 때문이다.

그런고로 관자놀이의 혈관이 터져버릴 듯한 사흘째, 다시 7시 59분 31초에 진료소로 전화를 걸었다. 삐삐. 이번에는 이미 통화 중이었다. 즉시 재다이얼. 느닷없이 뚜르르르르, 뚜르르르르 하는 마음 편한 연결음이 들려왔다. 오늘이야말로. 두근거리며 전화를 받길 기다리는데, 갑자기 현관문을 두드리는 소리가. 아아아. 이렇게 일찍 누구야. 무시하려고 하는데, 탁자 위에 놓인 메모지에 배우자의 악필이.

"인터넷으로 산 자동차 부품이 올 테니까, 잘 부탁해."

어깨를 푹 떨구고 현관으로 가 소포를 수령한 뒤 다시 수화기를 들었다. 삐삐. 재다이얼. 삐삐. 재다이얼. 삐삐. 반복한 끝에 여느 때처럼 언니가 말했다.

"오늘 예약은 마감되었습니다. 내일 다시 전화 주세요."

아아아아아. 나는 대체 언제 의사를 볼 수 있는 거야. 아니, 그것보다 의사를 만날 수는 있을까?

(이 글에 적힌 내용은 어디까지나 NHS를 이용해야 병을 치료할 수 있는 가난뱅이의 이야기로 진료비 전액을 스스로 지불할 수 있거나, 혹은 고용주가 제공하는 민간보험을 이용하는 등의 방법으로 사설 병원에 다닐 수 있는 분들은 영국의 의료제도를 걱정하지 않아도 됩니다.)

후일담

NHS는 영국 좌파의 마지막 보루입니다.

불혹에 미혹돼라

　40세는 불혹이라 일컬어지는 나이이다. 하지만 동네 펍에 우글거리는 불혹에 해당하는 연령의 영국인 여러분은 '미혹되지 아니하기'는커녕 미혹이 가득한 인생을 살고 있으니, 이것이 이른바 '중년의 위기'라는 걸까. 불혹이란 아직 고민거리가 많은 나이인 듯하다.

　예를 들면, 웨일스의 고성에 피어난 한 송이 들꽃처럼 사랑스러운 간호사 S 씨는,

　"가슴에 피어스를 했어, 하하하."

　라고 펍에서 공공연하게 선언하기만 했으면 그나마 다행인데, 테이블 위에 올라가서 셔츠를 걷어 올려 피어스를 한 자리를 과시하는 바람에 파트너인 남성의 얼굴이 붉게 물들었다.

　항상 불만과 침을 흘리며 펍이 문을 닫을 때까지 카운터에 눌어붙어 있는 공인회계사 T 씨는,

　"머리가 벗어졌으니까."

라는 이유를 말하며 왠지 빨간 스포츠카를 샀다.

"80년대에 「톱 오브 더 팝스Top of the Pops」[21]에 출연한 적이 있어."라고 버릇처럼 말하는 전 뮤지션인 펍 주인 역시,

"나, 아내랑도 애인이랑도 관계를 청산하려고."

라고 진지한 표정으로 말하기에 드디어 불혹의 경지에 도달한 건가 싶었는데, 알고 보니 아내보다도 애인보다도 훨씬 어린 대학생 애인이 생겼다는 것이었다.

이런 영국이지만 그래도 왠지 40세 생일을 대대적으로 축하하는 풍습이 있다. 레스토랑과 펍에서 성대한 파티를 열거나 친구들을 꼬드겨 주말에 해외여행을 가는 것이 정석인데, 나도 그런 종류의 모임에 여러 차례 참석한 적이 있다. 하지만 도대체 어째서인지 다들 아직도 '미혹되지 아니하는' 영역과 동떨어진 창피한 일이 많은 인생을 살고 있는 탓에 파티에서 사랑싸움 같은 한탄할 만한 광경을 목격할 때가 적지 않다.

그렇지만 최근 초대를 받아 참석한 A 여사의 40세 파티는 그런 모임과 전혀 달랐다.

---

21 영국 BBC에서 제작한 텔레비전 음악 순위 프로그램이다. 1964년부터 방영하여 대중음악에 큰 영향을 미쳤지만 2006년 종영했다.

타인의 가십을 입에 담는 사람도 없었고, 만취해서 말싸움을 벌이거나 울면서 난동을 부리는 사람도 없었다. 질 좋은 모던 브리티시 정찬을 즐기면서 최근 읽은 책이나 노동당 정권의 향방, 주목할 만한 영화와 전시회 등을 이야기하는, 그야말로 불혹이라는 나이에 어울리는 차분하고 매끄러운 잔치였다. 그 모든 일이 무사히 끝나 A 여사의 가벼운 이별 키스를 볼에 받고 시크한 레스토랑에서 나온 나는 30초 뒤 작게 중얼거렸다. "회벽 같은 놈들, 썩을."

어째서 이놈이고 저놈이고 저토록 새로 회칠한 벽처럼 건조하게 계실 수들 있을까.

어른들이 가장 세상 물정을 모르는데. 다 아는 척하는 꼴이란. 평생 그렇게 아는 척하라고, 당신네들 같은 와인 계급의 회벽 중년은. 가난뱅이를 멸시하지 마. 외국인을 경시하지 마. 까부는 것도 적당히 안 하면 자폭해버린다. 우와아아아아.

이렇게 혼자 택시에서 사색에 잠겨 있는데, 갑자기 깡패라도 된 듯이 화가 치밀어 격정이 이끄는 대로 자동차 문을 열었다가 그대로 길바닥에 떨어졌고, 튀니지인 택시 기사에게 업힌 채 집 앞에 다행히 도착했지만 열쇠를 찾을 수 없었고, 매일 새벽 4시에 일어나 일을 나가는 배우자를 억지로 깨운 끝에 지갑이 없다

는 둥 울면서 고백하는 바람에 "어지간히 좀 해, 이 알
코올 중독자가."라고 야단을 맞았으니, 곰곰이 생각
해보면 가장 난잡하게 살아가는 건 바로 나였습니다.

옆집의 중산층

얼마 전, 텔레비전을 보는데 갑자기 창문으로 처음 보는 고양이가 들어왔다.

"어, 잠깐. 너 누구니?"라며 동요하는 나를 곁눈질한 녀석이 시치미를 뚝 뗀 얼굴로 거침없이 나아가기에 서둘러 나도 따라갔는데, 녀석은 부엌 구석에 놓인 고양이의 사료를 발견하고는 아무렇지 않은 얼굴로 그걸 먹어치우기 시작하는 게 아닌가. 그 침착하기 그지없는 태도가 너무나도 초인적(초묘적)이었기에 녀석이 차고 있는 분홍색 목걸이를 붙잡고 이름표를 읽어보았다.

Muppet
94******Street, Brighton
Tel. 01273******

머펫이라… 어쩜 센스 없는 이름이람. 이 녀석 옆집 고양이잖아. 그것도 마음 터놓고 지내는 옆집이 아니라 다른 쪽, 한 번도 이야기해본 적 없는 옆집. 자세히 보니 얼굴이 꾹 눌려 있는 게 페르시안 고양이였다. 얼핏 봐도 혈통서가 있을 듯한.

고양이는 죄가 없으니 잠시 사료를 먹이고 밖으로 놓아주었는데, 밤에 그 일을 배우자에게 이야기하자 배우자가 몸서리치며 말했다.

"그 자식들 고양이까지 그렇게 화려한 걸 키운다고? 우리 집 토머스랑 시네이드가 너무 귀여우니까 자기들도 고양이를 키우고 싶었던 거야. 흥, 우리 집 고양이들은 잡종이지만, 아무리 돈을 들여도 우리 애들 같은 미묘美猫는 못 찾을걸."

저녁을 먹고 훌쩍 놀러 온 속마음을 터놓고 지내는 옆집의 아들내미는 더욱 과격한 분위기를 풍기며 호언장담했다.

"나 금방 파운드 랜드Pound land(1파운드 전후의 저렴한 가격으로 온갖 물품을 파는 상점)에서 물총 사 올게. 이 동네에서 추방해주겠어, 혈통서가 붙은 망할 고양이는."

물론 다들 말은 저렇게 해도 막상 고양이를 눈앞에서 보면 "아유우우, 귀엽구나아아. 이리 온, 쭈쭈쭈

쭈."라고 해버릴 걸 뻔히 알지만, 어째서 그처럼 귀여운 아이가 이토록 욕을 먹어야 하느냐면, 그 이유는 오로지 고양이의 주인이 밉상이기 때문이다.

영국에서는 1990년 후반부터 마치 버블 경제 시기의 일본처럼 집값이 계속 오르고 있다. 그런데 이 나라의 거품은 터진다, 터진다 하면서도 전혀 터지지 않고 있다.

그 때문에 평범한 사람은 런던에 정원이 딸린 단독 주택 따위 꿈도 꿀 수 없게 되었다. 집을 사길 원하는 연령에 해당하는 사람들은 그나마 저렴한 물건을 찾아 차례차례 남쪽으로 내려갔다. 그러면서 당연히 남쪽의 부동산 가격이 상승했다. 결국 사람들은 더욱더 남쪽으로 내려갔고, 마침내 더 남쪽으로 가면 바다밖에 없는 브라이턴까지 도달했다.

브라이턴은 런던으로 통근하기에 꽤 먼 곳이지만, 최근에는 영국에서도 재택근무 등이 정착되어 평사원 정도만 매일 출근하고 중견급은 일주일에 절반을 집에서 일해도 상관없다는 회사가 늘어났기에 브라이턴에 집을 구하는 사람들이 급증했다. 그리하여 브라이턴에서도 집값 급등이 시작되었고, 그 때문에 젊은 토박이들은 대단히 큰 불편을 겪고 있다. 왜냐하면 독신 시절 해변의 원룸 등에서 살던 젊은이들이 결

혼하면서 가족에 어울리는 집이나 아파트를 구하려
해도 적당한 물건을 찾을 수 없게 되었기 때문이다.

그런 영향으로 최근 우리 동네 같은 지역에는 커
다란 이변이 일어나고 있다. 철의 여인 마거릿 대처가
총리 시절 거주자들에게 어처구니없는 헐값에 팔아치
운 우리의 구 공영주택지에 기품 있고 세련되며 유행
에 민감한 30대 초중반의 젊은 부부들이 이사 오기 시
작한 것이다. 구 공영주택지에 있는 집들만은 거품이
끼든 말든 가격이 그다지 오르지 않아 가격 부담이 없
기에 몇 년 전이었다면 절대 우리 동네에 가까이 오지
않았을 법한 부류의 인간들이 갑자기 동네에 이주하
게 된 것이다.

수년 전, 데이비드 베컴과 빅토리아 베컴이 "우리
는 노동자 계급 부부다."라고 발언하여 영국 언론에
서 '노동자 계급이란 무엇인가?'를 둘러싸고 논쟁이
일어난 적이 있다. "스스로 일해야 먹고살 수 있는 인
간은 모두 노동자 계급이다. 영국에는 더 이상 계급
사회가 없다."라는 결론을 내리는 토론 프로그램도
있었는데, 나는 그렇게 생각하지 않는다.

영국에 여전히 계급이 존재한다는 사실은, 이를
테면 옆집 젊은 부부의 동네 사람들과 겉도는, 아니,
어울리려고도 하지 않는 태도를 보아도 명백하다.

8개월 전에 이사를 온 뒤로 젊은 부부는 옆집의 우리를 포함해 누구와도 말을 섞은 적이 없다. 그리고 '이 집에는 이 동네에 사는 인간들과 다른 인종이 살고 있다.'라고 말하듯이 차례차례 건설업자와 정원사 등을 고용해 구 공영주택의 외관을 중산층 주택처럼 개조해갔다.

주말이 되면 그들은 친구들을 초대해서 우아한 가든파티를 열었다(상반신을 훤히 드러낸 남자들이 이리저리 뛰어다니는 야만적인 하층 계급의 바비큐 파티와 전혀 다르다). 그럴 때 옆집의 정원에서 흘러 들어오는 영어는 그야말로 BBC 뉴스처럼 명료하여 나 같은 이주민은 알아듣기 편했지만, 내 배우자나 옆집 아들내미가 듣기에는 아무래도 불쾌하고 싫은지 두 사람은 종종 흉내 내며 자기들끼리 포복절도했다.

애초에 영국 영어의 '사투리'란 지역적인 것이라기보다 계급적인 것이라고 해야 할 듯싶다. 왜냐하면 부자만 다닐 수 있는 사립학교에서 교육을 받은 사람들은 태어나 자란 곳이 어디든 사투리를 쓰지 않기 때문이다. 게다가 일본인이 학교에서 배우는 듯한 완벽한 문법을 구사하며 말하는 것도 단언하건대 중산층 혹은 상류층에 속하는 분들이다. 노동자 계급의 문법은 전국 방방곡곡, 엉망진창이다. 그들에게는 단수도 복수도 알 바가 아니다(그렇다 해도 미국 백악관의 가장 좋은 방에 있는 조지 정도는 아니다).

이처럼 영국에서는 입에서 나오는 말 하나만 봐도 여전히 부자와 가난뱅이 사이에 뚜렷한 차이가 있다. 이러한 차이는 쌍방이 노력하고 서로 다가서야 없어질 수 있는 것이지만, 옆집 부부는 8개월이나 되는 긴 시간 동안 우리를 모른 척할 뿐이었다.

그렇지만 아무리 저쪽이 우리와 엮이고 싶지 않다고 생각해도, 옆집에 사는 사람으로서 말해야 할 만한 일이 생기면 제대로 한마디 해주어야 하는 법이다.

예를 들어, 우리 동네의 쓰레기 배출일은 매주 월요일인데, 그 부부께서는 일요일 밤부터 쓰레기를 도로에 내놓으셨다. 그러면 뭐냐, 우리 동네는 시골이라 집 정원에 여우 같은 게 살기도 하는데, 밤중에 그들이 내놓은 쓰레기를 헤집어놓는 바람에 월요일 아침이 되면 도로 위에 채소 지스러기, 티슈, 생리용품 등이 널브러져서 대단히 봐주기 힘든 상태가 되어버린다, 나 참.

채소 지스러기는 별로 상관없지만, 묘한 것을 둘둘 감싼 티슈나 생리용품은 아무래도 통학하는 아이들이 보기에 뭐해서 처음에는 내가 묵묵히 치웠다. 그런데 같은 일이 매주 반복되니 아무리 나라도 화가 나서 옆집으로 직접 찾아갔다. '동네의 규칙을 준수해서 쓰레기는 월요일 아침 일찍 내놓도록.'이라고 주의를 주러. 그런데 그놈들, 나오지를 않는다. 집 안에서 텔레비전 소리가 들리는데 아무리 초인종을 눌러도 나오지 않았다. 뚜껑이 열려서 문을 걷어찰까 했지만, 나 같은 사람도 일단은 야마토 나데시코 나부랭이 아닌가, 아무리 노동자 계급이라 해도. 그래서 그런 짓은 하지 않았다. 하지 않았지만, 묵묵히 노란색 고무장갑 한 쌍을 현관문 앞에 두고 왔다. '네 오물은 네가 주워.'라는 마음을 담아.

그렇게 이러저러하는데 이번에는 놈들이 건설업자를 불러다 높다란 펜스를 세우는 공사를 시작하는 게 아닌가. 우리 집과 자기 집 사이에. 우리 집의 황폐한 외관이 시야에 들어와 심기가 언짢으셨겠지, 가든 파티를 할 때마다. 하지만 그렇게 높은 펜스를 세워버리면 우리 집은 아침 햇살이 전혀 들어오지 않는 집으로 전락해버리기에, 이번만은 온화한 배우자도 격노해서 옆집에 이야기를 하러 갔다. '공사 전에 양해를 구하는 게 먼저 아닌가.'라고.

그렇지만 놈들은 역시나 나오지 않았다. 처음에는 부엌에서 여자의 콧노래가 들렸다고 하는데, 배우자가 초인종을 누르자마자 뚝 그쳤고, 기다려도 누군가 나오는 기색이 전혀 없기에 배우자가 "아무도 없어요? 옆집 사는 사람입니다."라고 고함치자 텔레비전 소리가 그치더니 집 안의 불까지 꺼졌다고 한다, 갑자기.

그 일이 일주일 정도 전인데, 바로 어제부터 무슨 영문인지 옆집 현관 옆에 "판매 중FOR SALE"이라 쓰인 팻말이 서 있다.

대체 무슨 일일까. 우리 탓은 아닌 것 같은데.

후일담

그 부부는 이사를 갔고, 다시 비슷한 부부가 들어왔다 이사를 나갔으며, 현재 교류가 없는 쪽의 이웃집에는 역시나 비슷한 중산층 부부가 세 번째 들어와 살고 있다. 아이를 낳고 취학 연령이 가까워지면 이사를 가는 식이다. 이 동네 학교에는 거친 아이들이 많으니까.

로맨틱

사이먼과 처음 만난 것은 약 3년 전이었다.

사이먼은 매일 아침 개를 데리고 역의 통로에 앉아 있었다.

"그 아이 아키타견秋田犬[22]이네. 예쁘다."라고 내가 말을 걸자 "응, 아키이타야."라고 하기에 "아키타야, 아키이타가 아니라. 그러면 왠지 니키타[23] 같잖아."라고 발음을 교정해준 일이 계기가 되어 오다가다 말을 나누는 사이가 되었다.

사이먼은 예전에 화가였다. 내게는 그렇게 말했다.

그렇지만 대도시의 주식 중매인이었다가 직장을

[22] 일본 아키타현 특산의 대형 견종. 수렵·경비용으로 많이 기를 만큼 용맹하다.
[23] 1990년 개봉한 뤽 베송 감독의 영화 「니키타」의 주인공. 한국에서는 '니키타'라 표기하지만, 일본어에서는 '니키이타'에 가까운 'ニキ─タ'로 표기한다.

잃고 알코올 의존증이 되었다, 보육사였지만 원아에게 손을 대서 체포되었다, 무직의 강간마로 교도소를 들락날락했다 등 그의 경력에 관해서는 실로 다양한 소문이 있었다. 대체 무엇이 진실인지는 알 수 없었고, 전부 진실이 아닐 수도 있었다.

사이먼이 데리고 다니는 개의 이름은 고갱이었다. 아키타와 타히티[24]의 조합이 참신해서 좋은 이름이라고 생각했지만, 자유분방하게 살다 매독으로 죽은 화가와 달리 사이먼의 고갱은 일본의 추운 지방 사람들이 떠오를 만큼 참을성이 강했고, 짖지도 날뛰지도 않으면서 가만히 사이먼의 곁에 앉아 있었다. 그 모습이 너무나도 애처로웠기에 출퇴근하는 사람 중에는 "개한테 맛있는 거라도 먹여."라면서 사이먼에게 5파운드 지폐를 건네는 사람도 있었다. 돈을 줘 봤자 어차피 사이먼이 술이나 살 걸 빤히 알면서도, 사람들은 그래도 돈을 건넸다. 고갱이 슬픈 듯한 눈으로 올려다보면 도저히 못 본 척하고 지나칠 수 없었던 것이다.

그런데 언제부터인지 사이먼과 고갱이 역에 오지 않았다. 어딘가 다른 역이나, 은행의 현금인출기 옆이

---

24 프랑스 후기인상파 화가인 고갱은 타히티에 머물며 여러 대표작을 그렸다.

나, 슈퍼마켓 입구 같은 장소로 일터를 옮긴 게 틀림없었다. 머지않아 우리 집과 가장 가까운 역에는 다른 사람이 오기 시작했고, 그 사람도 몇 주 뒤에 모습을 감췄으며, 좀 지나자 다시 다른 사람이 그 자리에 앉아 있었다. 그들도 정기적으로 일터를 옮기지 않으면 지루해서 견딜 수 없는 모양이었다.

그런데 어느 날 밤, 나는 오랜만에 사이먼을 목격했다. 그는 역 앞의 전화박스 안에 쪼그리고 앉아 맥주를 마시고 있었다. 이미 밤이 늦어 오가는 사람도 없었고, 강간 운운하는 소문도 들었기 때문에 왠지 꺼림칙해서 서둘러 앞을 지나치려 하는데, 전화박스에 있던 사이먼이 단숨에 뛰쳐나왔다. 곤드레만드레 취해서 엉망진창 울고 있었다.

"고갱이 죽었어." 사이먼이 말했다.

"언제?" "오늘. PDSA[25]에 데려가서 주사를 놔달라고 했어." "왜?" "암이었으니까."

뺨에 달라붙은 금발 드레드 헤어에 침이니 맥주니 눈물이 끈적끈적하게 묻어 있어 불결하고, 비위생적이고, 냄새가 났다.

---

25 People's Dispensary for Sick Animals. 영국의 동물보호단체.

"게이코한테 알려야 해." "어?" "일본의 게이코 말이야." "게이코가 누군데?" "내 여자친구고 고갱의 엄마." "뭐?" "고갱은 나와 게이코의 아이야." "아, 그래." "게이코한테 우리 아이가 죽었다고 알려야 해." "그렇구나." "그런데 돈이 없어. 그래서 일본에 전화할 수가 없어." 그제야 나는 지금 돈을 뜯기고 있는 중이라는 사실을 깨달았다. "미안해. 오늘은 현금이 하나도 없어." 나는 손을 흔들며 사이먼에게 등을 돌리고 종종걸음으로 역 앞 비탈길을 내려갔다.

돈을 줘도 어차피 술이나 마실 테니까. 게이코라는 둥 일본에 전화한다는 둥 시도는 좋았지만 그 수법에 넘어갈 수는 없지. 술이 마시고 싶으면 노동하라고.

그 뒤로 사이먼을 본 적은 없고, 그에 관해서도 깨끗이 잊어버리고 있었지만, 왜 이제 와서 이런 글을 끼적거리고 있느냐면, 바로 얼마 전에 사이먼을 마지막으로 본 밤을 떠올리게 하는 일이 있었기 때문이다.

브라질인 친구에게 납치당해 사이킥 페어psychic fair에 끌려갔을 때의 일이다. 이 사이킥 페어, 이름은 수상하지만 간단히 말해 여러 점쟁이들이 호텔의 홀을 빌려서 점을 보거나 타로 카드, 수정, 행운을 부르는 부적 등을 판매하는 순수하게 상업적인 행사로 영국의 지방 도시에서는 꽤 인기가 많다. 영국 여성들도 점을 정말 좋아하는 것이다.

"작년부터 운이 계속 바닥이라서 타개책을 찾고 싶어."라며 친구가 점을 보는 사이 나는 벽 쪽의 벤치에 앉아서 기다리고 있었는데, 이 행사가 휑뎅그렁한 공간에서 집단으로 점을 치는 것이라 그런지 듣기 싫어도 각 점쟁이와 손님이 나누는 대화가 귀에 들어왔다.

그중에서도 열기가 뜨거운 테이블이 있었으니, 긴 흑발의 동양인이 점쟁이와 마주 앉아 있었다.

"3년 반 전에 헤어졌어요. 제가 학생 비자가 만료되기도 했고, 그가 술을 지나치게 많이 마시는 사람이라 결혼을 고민하다 결단을 내리지 못했어요. 그래서 저는 본국으로 돌아가 다른 사람과 결혼했는데, 계속 그를 잊지 못했어요. 어떻게든 그를 만나고 싶어요. 그의 가족도 친구도, 그가 저와 헤어진 뒤로 행방불명이라고 말해요. 어디에 있을까요?" 보통 이런 이야기는 타인에게 들리지 않도록 소곤소곤 말하겠지만, 그 여자는 자신의 영어를 알아달라는 마음이 앞섰는지 심각한 사정을 낭랑하고 크게 설명하는 바람에 순서를 기다리던 영국인 여성들도 모두 그쪽을 주목했다.

어느 나라 사람일까. 궁금해하며 점쟁이의 탁자 다리에 기대어 세워진 칠판의 대기표를 보니 가로선이 그어진 몇몇 이름 아래에 "KEIKO"라고 쓰여 있었다. 일본인이었구나. 게이코. 게이코?

갑자기 그날 밤 사이먼이 했던 말이 머릿속에 되살아났다.

아무리 그래도 이렇게 짠 것 같은 우연이 일어날 리가 없지.

그렇지만 이 세상에는 의외로 이런 우연 역시 여기저기 굴러다니지 않을까.

그처럼 내가 구물구물 생각에 잠긴 사이에 타로점이 끝났는지, 게이코 씨가 의자에서 일어나 내 쪽으로 다가왔다.

흠칫했다.

울고 있었기 때문이다.

그토록 또박또박 자신의 사정을 설명했는데, 실은 울고 있었던 것이다.

그런 모습을 보아버린 탓에 이쪽까지 마음이 천 갈래 만 갈래로 심란해져서 나는 쓸데없이 엉거주춤 의자에서 일어나다 그대로 멈췄는데, 게이코 씨는 돌아보지도 않고 서둘러 행사장 밖으로 나갔다.

나도 계속 엉덩이를 들고 있자니 점점 힘들어서 적당한 때를 살펴 다시 의자에 앉았다. 그리고 그 뒤로 게이코 씨는 다시 행사장에 돌아오지 않았다.

나중에 친구에게 그 일을 이야기하니 운명론자인 친구는 "그 사람 틀림없이 홈리스의 애인이야. 세상일이란 게 그렇다니까."라고 라틴계답게 단정적으로 말했다. "그래도 옛날 애인이 홈리스가 되었다는 말은 하지 않는 게 정답이지. 그런 걸 들었다가는 그 여자 목숨 걸고 찾을 테니까." "아니, 잠깐. 이 게이코가 그 게이코라는 보장은 없어." "…아무튼 몇 년이나 만나지 않은 남자를 아직도 사랑한다니." "응." "그런 애정은 사실 좀 꺼림칙하다고 할까, 꽤 건강하지 않은 건데 말이야." "맞아, 맞아. 환상의 세계에서 살아가는 느낌이랄까." "로맨틱이라고 하면 듣기는 좋지만, 결국에는 현실 도피인 거야."라고 말한 친구는 깊은 한숨을 내쉬고 말을 이었다.

　　"하지만 젊을 때는 모른다니까."

　　맞다. 젊을 때는 전혀 모르는 법이니까.

　　'로맨틱'의 동의어가 '착각'이라는 것을.

　　그리고 '자업자득'이라는 말도 동의어라는 걸 알게 되는 것은 꽤 나이를 먹은 다음이다, 나 참.

2장 _____ 존 라이든

존 라이든: 펑크는 죽지 않았다

최근 예능 프로그램 「나는 셀러브리티: 나를 여기서 내보내줘!I'm A Celebrity: Get Me Out Of Here!」[1]에 빠져 있어서 아무래도 내 일상에서 화제의 중심은 존 라이든 John Lydon[2]이 차지하고 있다.

이토록 뜨겁게 그에 관해 이야기하는 것은 20여 년 만이다. 섹스 피스톨즈가 재결성했을 때도 이야기하기는 했지만, '재결성'은 이번의 'B급 유명인 창피 주기 프로그램 출연'만큼 충격적이지 않았기 때문에 '뭐,

---

1 영국의 리얼리티 프로그램으로 10여 명의 유명인들이 정글 같은 가혹한 환경에서 생활하며 마지막까지 생존하기 위해 경쟁한다. 많은 인기를 끌어 전 세계 여러 국가로 수출되었다.
2 펑크 록 밴드 섹스 피스톨즈의 핵심 멤버로 역할은 보컬. 조니 로튼 (Johnny Rotten)이라는 예명으로도 널리 알려져 있다. 진보적이고 저항적인 사상을 지녀 과격한 언동을 서슴지 않았고, 영국 대중음악계뿐 아니라 사회 전반에 큰 영향을 미쳤다.

돈이 궁해진 거 아냐?'라고 생각했을 뿐 딱히 존 라이든에 대해 뒤늦게 재고하지는 않았다.

그렇지만. 이번 존의 활동은 화려하다. 아마 존이 영국을 이토록 떠들썩하게 한 것은 섹스 피스톨즈의 등장 이후 처음 아닐까.

요즘 존의 행동은 '특정 세대'의 사람들에게 범상치 않은 충격을 주고 있다. 거대 신문의 예술·예능 지면을 책임지는 거물 저널리스트들이 손수 존 라이든의 '주류 쓰레기 방송' 출연에 관한 기사를 쓰기 시작한 것만 봐도 알 수 있다.

'특정 세대'의 사람들에게 존 라이든은 '신'이었던 것이다. 그래서 '특정 세대'는 존이 되도록 로스앤젤레스의 자택에 틀어박혀서 '그 사람은 지금 어떻게 지낼까?' 하는 궁금증을 자아내는, 소문은 들리지만 결코 모습을 드러내지 않아서 신격화하기 좋은 자리에 있어주기를 바랐을 것이다.

그렇지만 이런 '특정 세대'의 바람을 산산조각 내듯이 존 라이든은 현재 높은 시청률을 자랑하는 B급 유명인 서바이벌 프로그램에 출연하여 호주의 정글에서 타조에 쪼이는가 하면 모닥불 옆에서 노래를 불러 다른 유명인들을 즐겁게 해주는 등 예능인으로 빵 터지는 날이 머지않은 듯한 대활약을 보여주고 있다.

'특정 세대'(아마 나 정도가 끝자락에 걸릴 것이다)의 분노는, 뭐, 이해하지 못할 건 아니다. "반체제를 부르짖은 자가 체제 한복판으로 들어가서 규칙대로 게임에 열중해도 되는 것이냐." "여왕 따위 필요 없다고, 정부 따위 필요 없다고 외친 남자가 얌전한 양처럼 방송국 PD를 따르고 있다." "펑크는 죽었다. 지금까지 여러 차례 죽을 뻔했지만, 이번 일로 정말 죽었다." 등등 모두들 진심으로 쓰고 있다. 기사의 문장이 이례적으로 뜨겁다.

역시 영국의 '특정 세대'에 펑크와 존 라이든은 대단한 존재인 것이다. 감정을 이입하는 방식이 전혀 다르다. 2002년 12월에 더 클래시의 보컬이었던 조 스트러머가 눈감았을 때는 일제히 그의 위대함과 숭고함에 대해 써댔던 사람들이 이번에는 일제히 존 라이든에게 온갖 욕을 퍼붓고 있다. 나이 지긋한 어른들이 정색하고 존에게 총공격을 가하는 것이다.

그렇지만 왠지 존에게는 이런 게 어울린다. '온갖 욕을 먹으면서도'라는 상황이 어울린다는 말이다.

명색이 펑크라는 것이 존경을 받아서 되겠느냐.

위대하다는 등 감탄을 받아버리면, 그 순간부터 그것은 더 이상 펑크가 아니다.

안티크리스트가 신격화되기라도 한다면, 그야말

로 펑크의 명예가 훼손된 것 아닌가.

펑크는 실컷 욕을 얻어먹고 맹렬하게 미움을 받아야 비로소 펑크 아닐까.

47세나 되어서 누가 "바보"나 "망신스럽다"라는 말을 듣고 싶을까. 보통은 일부 청년들의 존경을 받고 가끔 콘서트 투어에 나서기도 하면서 만족스럽게 살고 싶을 나이일 것이다.

그렇지만 존은 굳이 '망신스러운' 행동에 나섰다. 그것이야말로 펑크의 마음가짐 아닐까.

그리고 솔직히 말하면 존은 천재기 때문에 이대로 로스앤젤레스에서 일광욕 따위나 하면서 묻히고 싶지는 않았던 것이다. 존은 미국에서도 케이블 채널에서 「로튼 TV」라는 프로그램을 제작했다고 하는데, 아무래도 실패한 모양이다. 미국인은 그의 유머 센스를 이해하기 어려울 것이다. 역시 영국산은 영국에서 팔아야 하는 법.

피스톨즈 시절부터 개그에 대한 존의 흥미는 예사롭지 않아서 인터뷰에서 BBC의 개그 프로그램에 영향을 받았다고 말했을 때는 매니저인 말콤 맥라렌이 격하게 분노했다고 한다.

어째서 '개그'는 안 되는 것일까? '개그'가 펑크보다 뒤떨어질까? 나는 개그와 펑크라는 분야가 무엇보다 가까이 있다고 생각한다. 이 세상에 코미디와 펑크가 없었다면, 단언컨대 인생 따위 살아갈 가치도 없지 않을까.

마침 영국에서는 '쁘띠 펑크'라고 부를 만한 패션이 유행하고 있으니 (피스톨즈의 티셔츠에 공장 노동자 아저씨가 입을 만한 전투복 하의를 입고 스니커즈로 마무리한 청년을 보면, 역시 저런 차림에는 좀더 폭좁은 하의에 운동화보다 가죽으로 된 신발이 좋지 않을까 하고 '쁘띠'가 아닌 '정통'을 좋아하는 아줌마는 생각하지만) 타이밍도 좋지 않은가.

부디 예능인으로서 존이 확 뜨기를 바란다. "펑크는 죽었다"라는 등 한탄하는 중년 문화인들 앞을 타조 같은 것에 올라타고 휙 지나쳤으면 좋겠다. 정말이지 상상만 해도 상쾌하고 즐겁다.

레넌, 라이든, 갤러거 형제의 계보

내 배우자는 아일랜드에서 살아본 적 없는 아일랜드인이다.

즉, 부모가 아일랜드에서 잉글랜드로 돈을 벌러 온 이주민이었다는 말이다. 그래서 누가 국적을 물어보면 난감한 모양이다. 어쨌든 잉글랜드는 아니니까 잉글랜드라고 말하지 못한다. "나는 아일랜드인이야."라고 남편이 코크니cocnkey[3]로 말하면 "너는 가짜 패디paddy[4]야."라고 잉글랜드인을 혐오하는 아일랜드인이 매도한다.

'그럼 나는 대체 뭘까?'라는 정체성의 부재를 배우자는 항상 떠안고 있었던 모양이다. "굳이 말하면 나는 '브리티시British'일까? 브리티시라면 인도인이든

---

[3] 런던의 노동자 계급 토박이들이 사용하는 사투리.
[4] 아일랜드인을 가리키는 비속어.

자메이카인이든 다 될 수 있겠네." 이렇게 말하기도 하지만, 그가 가장 자주 사용하는 말은 '런더너Londoner, 런던 사람'다. 런던에서 나고 자랐으니 런더너. 민족이나 국가로는 자신의 속성을 말하고 싶지 않은 모양이다.

내 배우자와 존 라이든은 동갑이다. 존 라이든은 런던 핀즈베리파크의 아일랜드인 이주민 가정에서 자라 가톨릭계 학교를 다녔고, 내 배우자는 런던의 레이턴스톤에서 나고 자라 마찬가지로 가톨릭계 학교를 다녔다.

『로튼: 아일랜드인, 흑인, 개 출입 금지』[5]라는 존 라이든의 자서전 제목을 처음 들었을 때, 배우자는 "그건 좀 과장 같은데."라고 말했다. 확실히 그의 부모 세대에서는 아일랜드인이 잉글랜드에서 그런 말을 들으며 차별을 당했지만, 배우자와 존의 시대에는 더 이상 아일랜드인이라는 이유만으로 그 정도 박해를 받지는 않았다고 한다. 하지만 사이가 좋아진 잉글랜드인 친구의 집에 놀러 갔다가 벽 뒤에서 친구의 어머니가 "저런 아일랜드 아이를 데려오다니"라고 말하는 걸 들었을 때는 어린 마음에 상처를 입었고, 지금도 잊

---

5 John Lydon · Keith Zimmerman · Kent Zimmerman, *Rotten: No Irish, No Blacks, No Dogs*, Hodder & Stoughton 1994.

을 수 없다고 했다.

공적인 자리에서 "아일랜드인 금지No Irish"라며 배제하는 일은 사라졌다지만, 역시 가난한 아일랜드인 이주민 가정의 아이라는 사실은 당시의 청년들에게 심각한 핸디캡이었던 듯싶다. 그래서 라이든은 세상을 저주하고, 펑크가 되었다. 내 배우자는 영국을 버리고, 방랑에 나섰다. 아무것도 하지 않았던 배우자의 형은, 발광했다.

잉글랜드와 아일랜드 사이의 갈등의 역사는 따로 언급하지 않겠지만, 만약 아일랜드에서 건너온 이주민이 없었다면 잉글랜드의 근대 문화는 대단히 보잘것 없었을 것이다. 특히 음악이 그렇다. 비틀즈의 존 레넌과 폴 매카트니도, 따지고 보면 아일랜드인이다. 그래서 아일랜드 사람들은 비틀즈를 아일랜드 밴드라고 여기고 있다. 섹스 피스톨즈의 존 라이든 역시 아일랜드인이고, 1990년대를 대표하는 오아시스Oasis의 노엘 갤러거와 리암 갤러거 형제도 맨체스터의 아일랜드계 브리티시다.

즉, 영국의 록 음악계에서 '워킹 클래스 히어로 working class hero, 노동자 계급 영웅'로 숭상되는 인물들은 혈통적으로 모두 아일랜드인이다, 실제로 말이지.

음악뿐이 아니다. 나는 1980년대에 한동안 아

일랜드에서 지낸 적이 있는데, 그 시절에 알고 놀랐던 사실은 20세기 최고의 작가 제임스 조이스를 비롯해 20세기 최고의 미국 대통령으로 일컬어지는 J. F. 케네디까지 20세기를 대표하는 재능이 대부분 아일랜드산이라는 것이었다. 하지만 그토록 불세출의 재능들을 수출한 곳임에도 불구하고 내가 지냈던 당시의 아일랜드는 가난하고, 지저분하고, 그저 침체된 어두운 나라였다.

항구 도시 더블린의 중심가를 걸어가면 더러운 천을 몸에 두른 아일랜드 집시 아줌마들이 가위눌릴 때 볼 법한 무서운 얼굴로 "토바코, 토바코."라고 외치면서 밀수한 담배를 팔았고, 펍의 입구 앞에는 알코올 의존증인 아저씨가 살았는지 죽었는지 불분명한 몰골로 굴러다녔고, 카페에서 홍차를 마시고 있으면 얼굴이 지저분한 아이들이 들어와서 돈 좀 달라고 손을 내밀었다.

역시 천재를 수출하는 나라라는 건 극단적인 사례일 뿐, 좋은 방향으로 나아가 유일무이한 천재가 나타날 때도 있지만, 그러다 한 발짝 실수하면 지나친 괴짜나 알코올 의존증에 빠진 사람만 많아져서 가난한 나라가 되어버리는구나. '중용'이라는 걸 모르니까, 이 나라는. 당시 나는 그렇게 생각하기도 했다.

그렇지만 최근 10년 동안 아일랜드는 놀랍게 변했다. EU로부터 받은 보조금 덕에 경제 강국으로 성장한 모양이다(그러다 또 살짝 미끄러진 모양이지만). 1990년대 말 아일랜드에 방문했을 때, 나는 시간 여행이라도 한 듯 충격을 받았다.

더블린의 거리를 걸어다니는 사람들이 마치 런던의 메이페어를 오가는 사람들처럼 세련된 차림을 하고 있었던 것이다. 행인 중에 얼굴이 어둡게 찌든 사람도 없었다. 아저씨들도 대낮부터 술에 취해 중얼거리지 않고, 말쑥한 정장 차림에 휴대전화 같은 걸 귀에 대고 걸었다. 물론 아일랜드 집시들도 눈에 띄지 않았다.

시대가 변한 것이다. 영국에서도 1990년대 중반부터 보이존Boyzone, 웨스트라이프Westlife 등 한껏 해사한 보이 그룹이 연달아 큰 인기를 얻으며 '아일랜드 청년들은 잘 생기고 멋지다'는 인식이 정착했고, 이제 '아일랜드인 금지'는커녕 '아일랜드인 환영'이라고 영국인 여성들이 반길 정도다.

앞서 언급한 예능 프로그램 「나는 셀러브리티」에서 우승한 여성 유명인은 웨스트라이프 멤버의 아내였다. 방송사가 주최한 파티에서 존 라이든이 우승자의 남편인 웨스트라이프 멤버에게 "너희 음악은 쓰레기야.""웨스트라이프가 아니라 노no라이프야.""네 놈들에게 남은 건 아일랜드 억양밖에 없잖아."라고 발언하는 바람에 경비원에 붙잡혀 끌려 나갔다고 보도한 타블로이드 신문이 있었다.

그 보도의 진위가 어쨌든 '영국의 아일랜드인'이 겪어온 역사가 어떻게 변천했는지 상징하는 듯한 일화다.

나도 존의 말에 찬성한다. 존 레넌에서 존 라이든, 그리고 갤러거 형제로 이어져온 아이리시 워킹 클래스 히어로의 계보는 이제 끊겼다고 여겨도 좋을 것이다.

왜냐하면, 이제는 아일랜드 청년들이 울적하지 않거든, 진짜 전혀.

너티R의 집에 아이가 태어나서 보고 왔다. 그는 배우자의 소꿉친구로 현재는 런던 북쪽의 에식스라는 곳에 살고 있다.

너티R은 그의 애칭으로, 본명을 여기서 밝히지는 않겠다. 그는 꽤 깊이 있는 사람이라고 할까, 암튼 이력이 복잡한 사람이다. 너티R과 그의 가족은 고정된 주택이 아니라 카라반에 살고 있다. 가이 리치 감독의 영화 「스내치」에 카라반에서 생활하는 파이키pikey들이 등장하는데 아실지 모르겠다. 파이키란 카라반에서 사는 아일랜드 집시를 가리키는데, 일반적으로는 범죄, 혹은 아슬아슬하게 범죄가 아닌 일을 하며 생계를 꾸리는 사람이 많다고 한다. 하지만 너티R은 잉글랜드인이며 파이키보다는 합법적으로 카라반 생활을 하고 있다.

그렇다 해도 너티R 역시 제대로 된 노동을 하지

는 않는다. 겉보기는 건강하고 사지 멀쩡하지만, 무슨 이유인지 나라에서 장애인 수당을 받는 모양이고, 기초생활보장제도 수급자이기도 하다. 심지어 자녀가 늘어나면 그만큼 나라에서 받는 보조금이 늘어난다며 적극적으로 아이를 낳아서 이번에 여섯째 아이가 태어났다.

가족들이 카라반 네 대를 차지하고 먹고 자는 생활을 하면서도 너티R은 런던에 주택 두 채를 소유하고 있고, 그 집들을 세놓아서 받은 집세를 수입원으로 삼고 있으며, 노후에 대비해 저축에도 힘쓰고 있다고 한다. 이렇게 쓴 나도 잘은 모르지만, 아무튼 그런 식으로 살아가는 사람인 것이다.

8년 전, 영국으로 건너와 얼마 지나지 않았을 때 배우자의 친구가 주최한 바비큐 파티에서 너티R을 처음 보았던 때가 지금도 선명히 기억난다. 많은 사람들이 나불나불 영어로 이야기하는데 무슨 소리인지 하나도 알 수 없었고 바비큐의 고기 역시 내 모국의 고기와 비교해 무척 질기고 냄새까지 심했기에 나는 지루해하며 혼자 덩그러니 앉아 있었는데, 머리를 박박밀고 상반신을 탈의한 거구의 남자가 어린아이와 술래잡기를 하며 이리저리 뛰어다니고 있었다. 그 남자의 팔에는 커다란 안전핀을 그린 문신이 있었다. 게

111

다가 그가 몸을 빙글 돌려서 등이 보였는데, "GOD SAVE ME" 같은 문구까지 새겨져 있었다.

너티R이 펑크의 세례를 받았던 1977년 전후, 내 배우자는 이스라엘의 키부츠kibbutz⁶에서 바나나를 키웠다고 한다. 배우자는 그곳에서 몇 년 동안 살았는데, 이스라엘인 여자 친구가 결혼을 재촉하고 그의 아버지까지 결혼한다면 할례를 하라고 집요하게 강요하기에 도망치듯 영국으로 돌아왔다. 그런데 잠깐 안 본 사이에 너티R이 펑크가 되어 있었다고 한다.

애초에 너티R은 소심하고 조용한 소년으로 얌전한 탓에 종종 괴롭힘의 대상이 되었는데, 한편으로는 꽤 우등생이었고 어린 시절부터 '너티nutty'(정신이 나간)라는 애칭으로 불리지는 않았다고 한다. 그랬는데 무슨 영문인지 배우자가 이스라엘에서 돌아왔을 때는 마치 다른 사람으로 바뀐 듯이 완전히 '너티'가 되어 있었다.

그 너티R의 카라반에서 여섯째 아이를 안아보는데, 문득 탁자 위에 무심히 놓인 「섹스 피스톨즈의 전설」⁷ 비디오가 눈에 띄었다. "저거, 작년 크리스마스이

---

6 이스라엘의 농업 및 생활 공동체. 개인 소유를 부정하고 철저한 자치를 추구하여 생산·소비·육아·교육 등을 공동으로 한다.

브 밤에 채널4에서 방영했던 거 알아?" 내가 말하자 "아아, 그랬다며."라고 너티R이 답했다.

나도 최근 들어 라이든의 정보를 매일 추적하고 있지만, 솔직히 말하면 정신이 아득해질 만큼 오랜 세월 동안 그에 관해 완전히 잊고 있었다. 이따금씩 기분이 너무 가라앉을 때 섹스 피스톨즈의 음악을 듣기는 했지만 그저 정신을 고양시키기 위한 약 같은 것이었고, 피스톨즈의 영화가 어쩌니 라이든의 삶이 어쩌니 하는 것은 딱히 아무래도 상관없었다. 그런 것보다는 일찍 일어나서 출근해야 한다든지 체납되지 않도록 주민세를 내야 한다든지 하는 것들이 내게 훨씬 중요했다.

그랬는데 존 라이든이 느닷없이 「나는 셀러브리티」 같은 프로그램에 얼굴을 내밀기 시작하면서 나는 다시 라이든과 피스톨즈에 회귀하게 되었다. 실은 작년 말부터 묘한 전조가 있었다.

작년 크리스마스이브의 밤, 울적해지는 일들이 좀 있었던 나는 여느 때처럼 거실에서 술을 마시다가 선잠을 자고 말았다. 이제 그만 본격적으로 잘까 싶어

---

7 원제는 '오물과 분노'(The Filth and the Fury)다.

부엌에서 물을 마시고 텔레비전을 끄기 위해 거실로 돌아갔다.

그런데 텔레비전 화면 속에서 아득히 오래전 알았던 반가운 4인조가 건들거리며 걷고 있는 것이 아닌가. 크리스마스 휴가의 도입부라고 할 수 있는 경사스러운 밤에 아무리 그래도 텔레비전에서 섹스 피스톨즈의 영화 따위 방영할 리가 없다, 내가 취해서 환각을 보는 거다, 한순간 그렇게 생각했지만 텔레비전 바로 앞에 앉아 똑바로 집중하며 보아도 역시 그건 그들이었다.

"한밤중에 화장실을 가고 싶어서 아래층으로 내려갔거든. 평소에는 아무리 슬픈 영화를 봐도 절대로 눈물 흘리지 않는 마거릿 대처 같은 여자인데, 눈을 까뒤집고 노래하는 존 라이든을 보면서 훌쩍훌쩍 울더라니까. 진짜 기겁했어."라고 배우자가 말하자 너티R이 "흐흥."이라고 웃었다.

"「나는 셀러브리티」 봤어?"라고 내가 묻자 너티R이 말했다. "오오, 그건 필 굿feel good TV였지."

필 굿 TV… 세상에 딱 맞는 말을 다 하네, 너티치고는. 찬찬히 너티R의 얼굴을 바라보니 내 착각인지 눈이 붉게 충혈되어 있었다. 옆에서 감자칩을 먹던 너티R의 아들 중 한 명이 "아빠, 그런 건 '필 굿'이 아냐.

만약에 '필 굿 무비'라고 한다면 말이야, 그건 뭐랄까, 좀더 뭉클하고 따뜻해지는, 그런 마음이 들게 하는 걸 '필 굿'이라고 하잖아."라고 말했다.

눈이 붉게 물든 너티R은 "너는 몰라."라고 했다.

맞다, 이건 어쩔 도리도 없는 어리석은 자만 이해할 수 있는 그런 마음인 것이다.

펑크가 패션에만 그쳤다면 다행일 텐데, 옴짝달싹할 수 없게 빠져서 인생까지 바뀌어버린, 골수 펑크 얼간이들밖에 알 수 없는 이 마음.

잘못된 길로 들어서게 하면서도 이런 마음을 들게 해주는 것이 있다니, 사실 알고 보면 우리는 행복한 걸까.

매드 하우스

자잔자잔자자자잔자아아아아아아앙, 자잔자잔자자잔자아아아아, 두두두두두두두두두두, 피유우우우웅.

이런 폭음이 왜인지 이른 아침부터 동네에 울려 퍼지고 있습니다. 술에 취했을 때라면 몰라도, 이렇게 정신없는 소리를 눈뜨자마자 듣는 건 역시 괴롭다고 할까, 아니, 일단 깜짝 놀라지 않겠습니까?

옆집의 10대 아들내미가 하필이면 섹스 피스톨즈의 「아나키 인 더 UK Anarchy in the UK」를 알람 음악으로 설정해둔 모양입니다.

예전에, 실은 바로 지난주까지 그는 랩에 빠져 있었는데 그때가 차라리 나았습니다. 알람 음악이 들려도 흑인이 쑥덕쑥덕 중얼중얼 말할 뿐, 이따금 두둥두둥 탕탕 하는 타악기의 간주가 끼어들어도 딱히 아무렇지 않았고, 지금처럼 옆집까지 피해를 미치는 파괴

력은 없었습니다.

사실 따지고 보면 옆집 아들내미한테 섹스 피스톨즈의 비디오 따위를 빌려준 내가 잘못한 것입니다. 설마 현대의 어린애가 거의 30년 전의 밴드에 이토록 푹 빠져들 거라고는 전혀 예상하지 못했기 때문에 정말이지 어리석은 짓을 저지르고 말았습니다. 물을 엎지르고 후회해봤자 소용없다는 말은 바로 이런 상황을 가리키는 것이겠죠.

그 덕분에 잠에서 깨어 침대에 누운 채 BBC 뉴스를 시청하는 우아한 일과도 더 이상 할 수 없게 되었습니다. 아나운서가 무슨 말을 하는지 하나도 들리지 않으니까요.

보통 잠에서 깨면 알람을 바로 끄지 않나요? 그런데 옆집 아들내미는 아무리 지나도 음악을 멈추지 않습니다. 그러기는커녕 음악에 맞춰 노래를 부르다 흥이 오르면 절규까지 하고 말이죠.

그의 집에서 아무 말도 하지 않느냐 묻는다면, 옆집 엄마는 싱글 맘으로 한밤중에 택시를 운전하며 손님을 찾아 헤매기에 이른 아침 옆집에는 보호자라고 할 만한 사람이 없습니다.

그렇지만 그의 누나는 아무래도 화가 나는지 "소리 줄여!"라고 날카로운 목소리로 호통을 치더군요.

그러면 동생인 10대 아들내미도 지지 않고 "닥쳐 Shut the f××× up!"라고 상스러운 말을 쓰는데, 누나는 누나대로 "병× ×끼F×××ing w×××er!"라고 여자로서는 상상하기 어려운 말로 받아치고, 그처럼 글로 적기도 꺼려지는 말들을 섹스 피스톨즈의 자자잔자자자잔자자자 하는 폭음을 배경음악으로 들으면서 '아아, 그래도 1977년 런던의 라이브하우스는 이런 분위기였을지 모르겠네.'라며 벽 하나를 사이에 둔 방에서 아침부터 깊은 감개를 느끼는 중년의 동양인도 있는, 그런 미×버린 주택가의 양상을 보여주고 있습니다. C 로드 90번지와 92번지는.

아이리시 블러드

1980년대 아일랜드에 머물렀던 나는 처음 그 나라의 여권을 보고 "어? 표지에 뜬금없이 기네스의 마크가 그려져 있네? 역시 술꾼의 나라. 나도 기네스 여권 갖고 싶다."라고 했는데, 여권의 주인이었던 아일랜드인이 알려주었다.

"이건 기네스 마크가 아니라 아일랜드의 상징이야. 아일랜드에서는 옛날부터 왕후 귀족보다 시인의 지위가 높았어. 시인이라고 해도 요즘의 뮤지션과 비슷한데, 아이리시 하프를 연주하면서 자작시를 노래하는 음유시인이었지. 지금도 아일랜드에서는 작곡가나 작가를 세금 등에서 우대해주고 있어. 인간의 생활에 의미를 주는 중요한 일을 하는 사람들이니까. 즉, 여권에 그려진 아이리시 하프 그림은 아일랜드 사람들이 생활에서 무엇을 가장 중시하는지 상징하는 거야."

이런 이야기를 듣고 아일랜드와 전혀 관계가 없으며 국화 무늬가 그려진 여권을 지니고 있는 동양인인 나조차 일종의 감동을 느꼈는데, 자신이 그런 국민의 피를 잇고 있다는 사실을 알면 아일랜드 아이들은 어떻게 할까.

당연하다는 듯이 악기를 손에 잡지 않을까.

머릿속에 떠오른 문장을 노트북에 쓰기 시작하지 않을까.

왜냐하면 그들은 음유시인의 악기를 나라의 상징으로 삼는 사람들의 피를 이었으니까.

그런 연유로 아일랜드는 줄줄이, 정말로 줄줄이 음악과 문학의 귀재와 천재를 배출해왔다. 제임스 조이스와 오스카 와일드가 없었다면, 세계문학은 얼마나 지루해졌을까? 비틀즈의 존 레넌과 섹스 피스톨즈의 조니 로튼이 없었다면, 음악을 듣다가 정도에서 벗어난 전 세계의 어리석은 자들도 크게 줄어들지 않았을까? 일본 문학 역시 실은 아일랜드인의 은혜를 입었다. 일본 문학사상 손꼽히는 이야기꾼인 고이즈미 야쿠모小泉八雲도 아버지가 아일랜드인이었다.

실제로 내가 아일랜드에 살면서 놀랐던 점은 그 나라에 예술 방면으로 재능을 타고난 사람들이 불가사의할 만큼 많다는 것이었다. 사람이 세 명 이상 모이면, 반드시 누군가 노래하기 시작한다. 그리고 어째서인지 여기저기에 기타가 널려 있어서 누군가 연주하기 시작한다. 그러면 이번에는 노래 사이에 누군가 자작시를 낭랑하게 암송하기 시작하는 것이다.

보통 일반 가정의 거실에서 이런 일이 벌어지면 어쩐지 시대착오적인 것 같고 내가 무슨 초현실적인 코미디라도 보는 건가 의아하게 마련이다. 그런데 이게 참, 순순히 감동하게 만든다. 모두가 실로 탁월한 가수에 기타리스트에 시인이기 때문이다. 동네 슈퍼마켓에서 일하는 형씨와 펍 종업원인 언니와 도서관 사서인 아저씨가.

타고난 재능을 영어로는 '기프트gift'라고 하는데, 저 사람들에게는 틀림없이 신이 선물해준 재능이 있는 거라고 당시 나는 생각했다. 그리고 그들은 스스로도 그렇다는 걸 알고 있었다. "왜 너희는 그렇게 재주가 뛰어난 거야?"라고 물으면 그들은 전혀 망설이지 않고 답한다.

"아일랜드인의 피야."

그렇지만 아일랜드인의 피라고 해서 그저 대단한 것만은 아니다. '흥미 없는 일은 대충 한다'든지, '금방 게으름을 피운다'든지, '툭하면 주눅 든다'든지, '가까운 사람에게는 꽤 귀찮은 존재'라든지 하는 특성도 전부 아일랜드인의 피 때문이냐고 묻고 싶어질 때가 아주 많다. 하지만 이렇게 훌륭하지 않은 점만 나열하다 보니 왠지 분명히 알겠는 사실이 하나 있다.

바로 그래서 나는 언제나 아일랜드인에게 마음이 끌리고 마는구나.

흥, 결점만 완전히 공유하고 있으니까.

뷰티풀 조니

영국에서는 현재(2004년 9월) 더 클래시와 오아시스가 뜨고 있다.

뜨고 있다는 표현은 좀 그렇지만, 어쨌든 더 클래시의 「런던 콜링London Calling」 발매 25주년, 오아시스의 「데피니틀리 메이비Definitely Maybe」 발매 10주년으로 기념 CD와 DVD가 발매되어 여기저기서 광고가 흐르고 각지에서 기념행사도 열리고 있으며, 라디오도 두 밴드의 곡을 자주 방송하고 있다.

나는 두 밴드 모두 좋아해서 이런 경향이 싫지는 않다. 펑크를 좋아하는 사람치고 더 클래시를 싫어하는 사람은 없을 테고, 그렇지 않아도 이 밴드를 헐뜯는 사람은 거의 없다고 생각한다.

오아시스의 경우, 나는 최근에 "혹시 그런 걸 좋아하세요?"라는 질문을 들은 적도 있는데, 그들은 1990년대 중반 영국의 망할 꼬맹이들을 대변하는 밴

드다. 오아시스의 곡들은 꿈도 명망도 없는 공영주택
지를 건들거리며 걷는 저지 패거리의 찬가였던 것이다.

그러고 보면 육체노동자 아버지들이 좋아하는
노래도 마찬가지일 것이다. 아쉽게도 그 어리석고 상
스러운 피는 내 몸속에도 힘차게 흐르고 있다. 그처럼
변변찮은 노동자 계급의 감정과 생각을 "아, 싫어, 예
술 같지 않아."라며 공상 속의 영국식 정원에 앉아 비
판하는 녀석은, 저기 후쿠오카의 포장마차 거리에 가
서 전골 건더기라도 돼라. 현실의 영국식 정원에는 사
랑스러운 예술의 꽃은 피고 지지 않는다. 떨어지는 것
이라곤 기껏해야 짐승의 똥뿐이다.

한국와 일본이 공동 개최한 월드컵에서 잉글랜드
와 브라질이 경기를 했을 때, 생중계를 맡은 BBC는 방
송 마지막에 내보낼 곡을 이겼을 때와 졌을 때를 대비
해 두 곡 준비했다. 이겼을 때는 루이 암스트롱의 「왓
어 원더풀 월드What a Wonderful World」였고, 졌을 때는 오
아시스의 「스톱 크라잉 유어 하트 아웃Stop Crying Your
Heart Out」이었다. 당연히 잉글랜드가 참패를 당했기에
그날 나라 전체가 오아시스의 노래와 함께 울었다. 이
튿날, 신문 1면에는 이렇게 쓰였다. "결코 세계 1위가
될 수 없는 이 나라에는 오아시스의 원망 어린 선율이
어울린다"고. 이 체념. 이 위축되는 모습. 그야말로 오

아시스는 이 나라의 원망을 노래하는 그룹이라고 해도 무방할 것이다. 영국의 음악잡지 「Q」가 겉멋 부리거나 별난 취향이라 오아시스의 앨범을 사상 최고의 앨범으로 선정한 것이 아니다.

자, 그처럼 오아시스와 더 클래시 일색인 영국에서 얼마 전 섹스 피스톨즈의 다큐멘터리가 방영되었다. 내 웹사이트에 그 다큐멘터리의 하이라이트에 관한 내용을 적기도 했는데, 그 다큐멘터리를 보면서, 그리고 옆집 아들내미와 함께 번역 작업을 하면서 내가 생각했던 걸 여기에 적어두고자 한다.

"존 라이든의 유머 센스란 완벽하게 'I do not give a shit그런 거 내 똥만큼도 알 바 아냐.' 하는 느낌이야."라고 옆집 아들이 말했다. "머리가 엄청 좋은 것 같은데, 세상 물정에 밝은streetwise 느낌이야. 우리식 지능이 뛰어난 거야."라고도.

옆집 아들내미가 말한 "우리"란 10대 중반 소년들을 통틀어 가리키는 것이 아니다. 노동자 계급의 망할 꼬맹이들을 말하는 것이다. 그가 'we우리'라는 단어를 쓸 때, 보통 중산층과 상류층 소년들은 포함되지 않는다.

확실히 말콤 맥라렌에게 소송을 걸었던[8] 젊은 시절의 존 라이든을 떠올리면 '내 것에 손댄 녀석과는 전력으로 싸울 뿐'인 옆집 아들과 마찬가지로 노동자 계급 꼬맹이 특유의 억셈과 호락호락하지 않음을 느낄 수밖에 없다.

예를 들어 베이 시티 롤러스 Bay City Rollers[9] 같은 경우에는 멤버들이 뭐가 어떻게 돌아가는지 세상 물정을 전혀 모르는 바람에 전성기의 수익을 악덕 매니저가 실컷 가로챘다는 사실이 최근 텔레비전 다큐멘터리 등에서 밝혀지기도 했다.

돌이켜보면 당시에는 투명한 회계와 주체 간 균형을 중시하는 기업 지배 구조 corporate governance 같은 사고방식은 티끌만큼도 없었고, 영국 세법 역시 허점투성이였으며, 회계 감사도 국세 조사도 대충대충 이루어졌다. 매니저들이 제멋대로 수입을 다른 주머니에 꿍칠 수 있었던 시대였던 것이다. 1970년대의 밴드에는 이런 일이 전혀 드물지 않았다.

그렇지만 그런 와중에도 남들보다 훨씬 앞서서 매니저에게 소송을 걸고 시간이 걸렸을지언정 결국에는 자산을 되찾은 섹스 피스톨즈의 사례는 드문 일이

---

8 존 라이든을 비롯한 섹스 피스톨즈의 멤버들은 1980년대에 말콤 맥라렌을 상대로 건 소송에서 승소해 그동안 밀렸던 수익금 등을 받아냈다.
9 스코틀랜드의 록 밴드로 1970년대에 전 세계적인 인기를 끌었다.

라 할지, 눈부신 일이라 할지, 아무튼 실로 통쾌한 일이다. 그 일은 전적으로 존 라이든의 공이다. 존은 정신을 바짝 차리고 있었던 것이다(반대로 매니저가 멍청했다고도 할 수 있지만).

시드 비셔스Sid Vicious[10]가 죽고 며칠 뒤 존 라이든이 말콤 맥라렌에게 소송을 걸었다는 뉴스가 처음 신문에 실렸을 때는 '시드가 펑크를 위해 목숨을 바쳤는데, 조니는 돈에만 집착한다.'라는 생각이 영국 젊은이들 사이에 퍼졌었다고 배우자와 그 친구가 이야기해준 적이 있다.

물론 당시에는 세상을 떠난 사람을 향한 감상적인 정서도 있었기에 존을 비난한 것이겠지만, 조금만 생각해보면 시드가 펑크를 위해 목숨을 바친 것은 전혀 아니라는 걸 누구나 알 수 있다. 그는, 중독되어서, 즉, '그걸' 지나치게 섭취해서 죽은 것이다. 폭식증인 사람이 먹기를 그만두지 못하고 200킬로그램까지 살이 찐 끝에 심장마비로 숨지듯이. 섹스 중독인 인간이 밥도 안 먹고 원숭이처럼 밤낮없이 힘을 쓰다 결국

---

10 섹스 피스톨즈의 베이시스트. 음악가로서는 뛰어나지 않았지만 펑크 문화의 이미지가 만들어지는 데 큰 영향을 미쳤다. 1979년 21세의 나이에 약물 과다 복용으로 숨졌다.

바싹 말라 죽어버리듯이. 시드 비셔스의 죽음은 결코 '목숨을 바쳤다'고 표현할 수 있는 의지적인 행동이 아니었다. 오히려 그 반대로 시드는 자신에게 무슨 일이 일어나는지 모르는 채 죽음에 이른 것이다. 대단히 해이한 죽음이라고 말할 수도 있겠지.

시드의 어머니는 자식의 사후 돈이 없어서 유품을 마구 팔아치웠다고 한다. 올가을 런던의 코벤트 가든에서 열린 전시회 '펑크: 진실하고 더러운 이야기Punk: A True and Dirty Tale'를 기획한 사람 중 한 명은 시드의 어머니에게서 그의 유품을 사들인 미술품 수집가다. 어머니가 팔아치운 시드의 유품들은 펑크의 전설이 되어 런던의 가장 땅값 비싼 지역에 있는 미술관 전시실에서 관람객들에게 유료로 공개되었다.

훗날 시드의 어머니는 존 라이든의 소송에 협력했고, 1980년대 후반이 되어 피스톨즈가 자신들의 돈과 자산을 맬콤 맥라렌에게서 되찾았을 때 잽싸게 그 덕을 보았다. 피스톨즈의 다른 멤버들도 마찬가지다.

그 일에 가장 큰 공을 세운 존 라이든은 더 클래시가 떠받들어지고, 어린 후배인 오아시스까지 전설이 되었으며, 중독 환자의 유품이 액자에 담겨 전시되는 오늘날 영국에서 곤충 범벅이 되고 침팬지와 대화를 나누면서 다시 한 번 안방극장을 폭소로 가득하게 만들 것이다. "예능 프로그램 출연자로 전락했다"든지 "시대에 영합해 이미지를 바꿔서 살아남으려고 한다"든지 비웃음을 들으면서.

현역으로 남아 싸우는 중년 아저씨는 추하다.

그처럼 추악하기 때문에 보는 이의 가슴을 먹먹하게 만드는 아름다움. 그런 아름다움은 사랑으로 가득한 망상 속의 정원에서 바라보아도 분명히 이해할 수 있겠지.

마이 뷰티풀 조니.

아름다운 것은 수없이 많지만, 요즘 내 피를 술렁이게 만드는 것은 오로지 이런 아름다움이다.

3장 _____ 아나키 인 더 펍

엄청나게 우울해지면

엄청나게 우울해지면, 나는 술을 마신다. 마시면 어떻게 되느냐면, 쓸데없이 더욱 우울해지곤 한다.

이래서는 안 되겠다 싶어서 음악을 듣기 시작한다. 그럴 때 암담한 음악은 피하는 게 좋다. 가능하면 공격적인 곡이 기분을 북돋아준다. 예를 들어 어떤 음악이 있느냐면, 내 경우에는 섹스 피스톨즈다. 벌써 20년 넘게 기분이 정말로 바닥을 칠 때면, 나는 항상 피스톨즈를 들어왔다.

클래시는 안 된다. 너무 멋지기 때문이다. 샴 69Sham 69도 안 된다. 너무 밝기 때문이다. 더 잼The Jam도 안 된다. 생기가 넘치기 때문이다. 다시 수십 년이 지나도 마음이 우울할 때 술에 취해 듣는 음악은 피스톨즈가 아니면 안 된다.

소파에 책상다리로 앉아 술을 단숨에 들이켜며 험상궂은 모습으로 듣는 것은 피스톨즈의 조니 로튼이 부르는 원망 가득한 노래여야 한다. 피스톨즈의 노래에는 원망과 불평이 가득하다. 그래서 기분이 좋다.

조니의 목소리는 이 정도의 비트에 어떻게 이토록 착 달라붙을까? 조금도 튀지 않는다. 이 점성은 원한이다. 옆으로 퍼져 나가는 듯한 목소리로 마구 쏟아내는 원한과 저주들은 마음이 울적하고 술에 취했을 때 들으면 카타르시스를 느끼게 해준다.

조니 로튼이 존 라이든이 되고 퍼블릭 이미지 리미티드Public Image Ltd[1] 같은 밴드를 했을 때는 그런 저주의 부분을 전면에 내세우는 듯한 음악을 들려주었지만, 지금까지 그 음악을 듣고 싶다는 생각은 들지 않는다. 멋있기 때문이다. 기분이 급속하게 바닥으로 추락할 때, 멋진 음악 따위는 듣고 싶지 않다.

가장 마음이 우울할 때라는 것은 타인이 마음에 들지 않는다든지, 타인에게 무언가를 당했다든지 하는 때가 아니다. 자기 자신에게 절망했을 때다. 나라는 존재의 무능함과 한심함을 새삼 인식하고 그와 마주하는 것이 극도로 힘들 때다. 그럴 때는 한도 끝도 없이 우울해지기 때문에 다시 일어서기가 무척 어렵다.

---

1 섹스 피스톨즈에서 탈퇴한 존 라이든을 중심으로 1978년 결성된 펑크록 밴드.

정확히 말하면 일어서는 것 자체가 무리한 일이다. 그러면 어떡하느냐. 술에 흠뻑 취한다. 흠뻑 취해버려서 꽁꽁 골머리를 앓는 것은 그만하려고 노력한다. 하지만 술을 마시기 시작하면 의식이 묘하게 예민해져서 괜히 더 꽁꽁대기도 하니까 '에이잇, 이런 멍청한 놈을 봤나. 이거라도 들어라.' 하는 마음으로 피스톨즈를 트는 것이다.

　　그럴 때 듣는 음악을 나는 피스톨즈 외에는 모른다. '펑크 = 파괴'라고들 생각하지만, 내게 펑크란 저주다. 영원히 햇빛을 보지 않을 자의 저주. 전부 때려죽이겠어, 하는 저주. 애초에 저주가 없다면 무언가를 파괴하겠다든지 때려죽이겠다든지 하는, 그런 기분까지는 들지 않는 법이다.

　　그런 저주의 감정을 유감없이 표현해주기에 피스톨즈를 중년이 되어서도 들을 수 있는 것이겠지. 그래서 들을 수 있을 뿐만 아니라 지금도 기분이 상쾌하게 고양되는 것이겠지. 그렇다는 말은 원한이나 저주처럼 얼핏 보면 진흙탕 같은 감정을 잔재주 없이 진솔하게 표현한 것은 사람을 기분 좋게 해준다는 뜻도 된다.

　　그렇구나, 그렇지. 나는 어렸을 적에 가지 메이코 梶芽衣子의 「원한의 노래怨み節」도 정말 좋아했다. 그 노래도 들으면 무척 기분이 좋아졌다.

　다시 말해, 그때부터 나는 이런 식으로 자주 마음이 우울해지는 인생을 살리라고 예견했다는 것이다.

(아마도 2003. 11)

후일담

　"자주 마음이 우울해지는 인생"은 절찬 계속 중.

　그래도 한밤중에 술을 마시면서 시끄러운 음악을 들으면 옆방에서 자는 아들이 일어나 학생회장처럼 꾸중을 늘어놓기에("시끄러워 잘 수가 없으니 시간을 분별하길 바란다."든지 "술을 줄이고 건전한 어른이 되어달라."든지) 과음하면서 피스톨즈에 빠지는 것은 그만두었다. 그것이 피스톨즈에서 벗어난 이유이기도 하다.

　참고로 우리 집 아들은 정말로 학생회장. 그야말로 분별력을 사람으로 빚은 듯한 아이다. 그래도 10대가 되면 반드시 어딘가에서 길을 잘못 들어설 테니, 나는 그때가 오기를 두근거리며 기다리고 있다.

그 전철은 치욕이다

얼마 전, 볼일이 있어 런던에 다녀왔다. 그날은 음력 설이었는데, 그래서인지 차이나타운에 가는 듯한 많은 중국인들이 브라이턴역의 플랫폼에서 전철을 기다렸다. 사실 전철은 이미 플랫폼에 들어서 있었고, 우리는 전철 문이 열리기를 기다리고 있었다.

그런데 출발 시각에서 5분이 지나도, 10분이 지나도 문이 열리지 않았다. '또냐….' 내게는 이미 익숙한 일이라서 이번에는 대체 얼마나 늦을까 생각했다. 그저 출발 지연이면 다행이지만, 만약에 취소라도 되면 매우 곤란해진다.

나도 예전에 생각 없이 런던 통근을 했던 것은 아니다. 전철이 한두 시간 늦을지도 모른다는 것은 미리 계산해두고 꽤 빨리 집에서 나섰다. 전철이 늦게라도 출발하기만 하면, 내가 반드시 있어야 하는 시간에 맞춰 아슬아슬하게 런던에 도착했다.

출발 시각에서 15분 정도 지나자 그제야 안내 방송이 나와서 세 정거장인지 네 정거장 뒤에서 '신호 고장'(신호등이 부서졌는지 뭔지)이 일어난 탓에 런던행 열차가 약 20분 지연될 예정이라고 지껄였다. 또 신호 고장이다. 브라이턴과 런던을 잇는 노선에는 신호 고장이 하루에도 몇 번씩 발생한다. 그렇게 툭하면 고장 나는 위험한 신호등은 쓰지 말라고 화내고 싶지만, 이런 일에 일일이 화를 내서는 전철을 이용할 수 없다. 그게 이 나라에서는 상식이다.

전철이 전면 취소된 것은 아니니까 그래도 아직 운이 좋은 편이라고 생각하며 중국인 여러분과 함께 끈기 있게 플랫폼에 서서 기다렸는데, 결국 10시 19분 출발 예정이던 전철의 문이 열린 것은 10시 55분이었고 전철이 브라이턴역에서 출발한 것은 11시 5분이었다. 역시나. 안내 방송의 지연 예정 시간은 대체로 실제의 절반 정도라는 게 이 나라의 상식이다.

이처럼 대충 운행되는 전철을 타고 매일 런던으로 출퇴근하던 무렵에는 눈물로도 다 표현하지 못할 일들만 당했다. 그중에서도 강우량이 많아지는 초가을이 최악이었다. "낙엽이 선로에 떨어져서" 전철이 지연되거나 취소되었던 것이다. 낙엽 따위가 선로에 떨어지지 않게 펜스든 뭐든 제대로 치라고 생각했지만,

그런 상황은 몇 년이 지나도 나아지지 않았다. 정부에
는 전철 시스템에 투자할 자금이 없는 모양이었다. 민
간 투자자들도 철도회사에는 투자하지 않는다고 했
다. 엉망진창인 업계라서 성장할 가능성이 없다고.

예전에는 겨울이 되면 "운전사가 부족해서" 전철
이 취소되었다고 하는 솔직한 안내 방송이 나오기도
했다. 감기에 걸려 쉬는 사람이 늘어나 전철을 운행할
수 없다는 것이다. 대기 인력 같은 게 없다는 말인가,
이 나라는. 지금은 그래도 인원 부족이라고는 하지 않
고 신호 고장 등을 이유로 드는 것을 보니 조금은 생
각하고 말할 줄 알게 되었나 보다.

그런 주제에 철도회사는 전철이 연착되든 취소
되든 착실하게 운임을 받는다. 심지어 그 운임을 매년
인상하면서. 영국인은 보통 무슨 일이 있을 때마다 자
신의 권리를 시끄럽게 주장하고 특히 돈이 얽힌 일이
라면 낯빛을 붉히는데, 전철과 관련해서는 유독 얌전
하다. 연착 없이 정상적으로 운행되는 상태를 경험한
적이 없기 때문일 것이다.

3년 전 가을, 범상치 않은 연착이 매일 발생했을
때는(6시에 런던에서 전철을 탔는데 11시 반이 되어
서야 브라이턴에 도착하는 터무니없는 일이 아무렇지
않게 일어났다. 브라이턴까지 1시간 10분 걸리는 쾌

속 전철이었는데.) 전철회사가 운임 중 일부를 환불해
주었지만, 그때도 환불 대상자는 1개월 혹은 1년 정기
권을 구입한 사람들뿐이었다.

　　최근 브라이턴에 있는 일본계 유학 알선 회사의
웹사이트를 보았는데, "브라이턴은 런던 통근권입니
다!"라는 카피를 내걸고 있었다. 통근해본 적이 있는
거야, 당신은. 그 건성건성 전철에 타서 '직원 중 누구
보다 빨리 일어나 집에서 나오지만 맨날 지각'하는 그
부조리한 상황을 체험한 적이 있는 거야, 당신이. 전철
운행표만 보면 통근권일지도 모른다. 하지만 이 나라
의 전철이 시간표대로 달린다고 믿는 거야, 이 멍청한
놈이.

　　일본인들은 유럽 나라들의 대중교통이 운행을
대충 하는 경우가 많다고 하지만, 단언컨대 유럽의 다
른 나라에서 방문한 친구들조차 영국의 전철은 전 세
계에서 최악이라고 한다. 다른 나라의 전철도 연착할
때가 있지만, 영국처럼 매일 늦지는 않는 것이다. 브라
이턴과 런던 노선을 예로 들면, 연착이 당연한 일이라
1년에 한 번 정도 제시간에 도착하면 오히려 승객이
깜짝 놀란다.

　　영국인에게 전철에 대해 이야기하면 그들도 일
단은 "나라의 수치"라든지 "망신"이라고 한다. 하지

만 눈빛에 진심이 없다. 이미 마비되어버려서 내심 그
토록 심각한 상태라고는 생각하지 않는 것이다. 내가
"일본에서는 아침에 전철이 연착하면 역에서 지연증명
서를 발급해줘. 이 나라에서 일일이 그런 걸 했다가는
역에 대혼란이 일어날 거야."라고 하면 반대로 "오히
려 그게 종이와 노동력 낭비 아냐? 일본의 사장들은
그렇게 직원을 신용하지 않는 거야?"라고 되묻는다.

음, 아무리 얘기해도 의견이 맞지 않는구나, 역시.

(2003. 12)

후일담

전철이 늦는다고 취소되었다고 불평을 늘어놓던
그 시대는 얼마나 목가적이었던가. 현재 영국의 전철
업계에는 '대체 언제 적으로 돌아간 거야.'라는 생각이
들 만큼 파업의 폭풍이 불고 있다. 빅토리아역과 브라
이턴을 잇는 서던선Southern Line 같은 경우는 벌써 한 달
이나 파업 중이다. 다른 노선이 간신히 운행하고 있기
에 다들 출퇴근은 할 수 있는 것 같지만, 당연히 사람
이 너무 붐비는 데다 다른 이유로도 시민의 불만이 폭
발하고 있다. 토니 블레어와 고든 브라운의 노동당
이 정권을 잡았던 무렵에는 '이제 파업도 옛날이야기

가 되었네.'라고 생각했지만, 최근 몇 년 동안은 학교 선생님에 NHS 의사에 버스 운전수까지, 딱 잘라 말해 파업 천지라 파업을 하는 쪽도 불편을 겪는 쪽도 모두 열받아 있다. 불만의 겨울Winter of Discontent[2]을 뛰어넘어서 분노의 겨울 같은 느낌이랄까.

일상생활에 별다른 불만도 불편도 느끼지 않는 사람들은 전철이니 버스니 국립병원이니 공립학교니 하는 것들과 연이 없는 부유층뿐(택시나 깨끗한 사설 병원이나 사립학교를 이용하는 그들에게 파업 같은 건 저 멀리 다른 나라 이야기나 마찬가지다). 이러다 머지않아 내전이 일어나는 거 아냐, 이 나라.

2 영국 정부의 임금인상률 상한제에 반발해 노동조합들이 총파업을 일으켰던 1978~79년을 가리키는 말. 당시 노동당 정권이 몰락하고 보수당 마거릿 대처 정권이 들어서는 계기가 되었다.

브리티시 스플렌더

두 사람의 단골 영화관은 개발된 지 얼마 안 된 해변의 초고급 주택가에 인접해 있다. 평소 둘은 영화를 보고 곧장 차에 올라타 집으로 돌아가지만, 그날은 웬일로 남편이 산책하고 싶다고 말하기에 나란히 영화관에서 나가 삼엄한 대문이 닫힌 호화 주택이 즐비한 거리 속으로 들어갔다.

걸어서 가면 그 구획을 자유롭게 드나들 수 있지만, 자동차로는 '주민 카드'가 있어야 출입할 수 있고 24시간 엄중한 경비 체제가 가동되고 있다. 가로등이 비추는 조용한 거리에는 4층짜리 고급 아파트가 끝없이 아름답고 정연하게 늘어서 있고, 건물들 사이에는 널찍한 주차장에 요트와 보트를 묶어둘 수 있는 개인 선착장까지 완비되어 있었다. 반짝반짝 빛나는 유리창 너머 1층 사람들이 사는 모습을 들여다보면 전부 무슨 쇼룸이나 가구점으로 오인할 만큼 인테리어가 멋진 데다 엄청 커다란 크리스마스트리에 금빛과 은빛 장식이 가득 매달려 있었다. 그처럼 장식이 많은 트리는 본 적이 없다고 아내가 말했다. 마치 보석을 잔뜩 착용한 여자와도 비슷했다. 많이 매달면 매달수록, 반짝이면 반짝일수록, 달고 있는 자신도 아름다워질 것이라고 믿는 듯한.

"이런 거리를 걸으면서 보면 우리는 정말 엄청난 루저loser네."라고 남편이 말했다.

아내는 "그러게."라고 말하면서 다시 신기한 듯이 남의 집 안을 들여다보았다.

"인생이란 정말 거지 같아."라고 남편이 투덜거렸고, 아내는 그의 손을 잡았다.

차가운 바닷바람이 두 사람의 귀를 빨갛게 물들였다. 이처럼 추운 밤에, 이와 같은 고급 주택가를 돌아다니는 유별난 사람은 아무리 돌아봐도 두 사람 외에는 보이지 않았다.

두 사람은 방금 전까지 보았던 「아메리칸 스플렌더」라는 영화에 관해 이야기하기 시작했다.

"그 영화, 간단히 말하면 불만만 가득한 짜증 나는 남자랑 게을러 터진 꼴 보기 싫은 여자의 이야기였네."

아내가 말했다.

남편은 피식 웃으며 "어디 사는 누구네 집이랑 비슷하지 않았어?"라고 말했다.

"비슷해, 비슷해."라고 아내도 말했다.

"좋은 영화였어."라며 남편은 아내의 손을 맞잡았다.

"뭔가 특별한 건 없었지만, 좋았어. 뭔가 특별한 게 없어서 좋았던 걸까?"

"응."

"혹시, 영화가 좋아서 걷고 싶었어?"

"그럴지도."

"그래서 걷다가 침울해졌어?"

"그래."

씁쓸한 표정으로 걷는 남편을 보고 있자니 올해도 시원치 않은 1년이 될 것이라는 예상이 들었다.

그래도 1년을 시작하면서 본 영화가 남편을 좀 걷고 싶게 하는 영화라서 다행이라고, 아내는 생각했다.

인생이 거지 같다는 사실에는 변함이 없다 해도.

(2004.1)

선데이 모닝

우리 집은 보통 식료품을 일주일에 한 번만 사러 가는데, 이번 주는 내 잘못 탓에 배우자의 주식인 감자가 주말에 떨어지는 비상사태가 벌어져서 일요일 아침부터 도보로 30분 걸리는 슈퍼마켓에 다녀오기로 했다.

우리 집은 브라이턴이라고 해도 해변이 아닌 언덕 위에 있어서 슈퍼마켓에 다녀오려면 심장에 부담을 주는 경사가 급한 언덕을 내려갔다 올라갔다 헉헉대면서 걸어가야 하는데, 오르막길 중간쯤에 있는 공원을 비스듬히 가로지르면 지름길로 갈 수 있다.

이번 주에는 영국에 심한 한파가 닥쳤고 수요일과 목요일에는 눈도 내렸지만, 일요일인 오늘은 평일과 전혀 다르게 온화한 날씨로 일시적이나마 하늘도 맑아졌기에 공원에서는 어린아이들이 축구 시합을 했고, 축구장 주위에서는 다운재킷을 입은 부모 형제가 응원을 보냈다.

슈퍼마켓에서 무사히 킹 에드워즈King Edwards(감자 브랜드명)를 입수하고 다시 공원을 가로질러 집으로 돌아가는데 어린아이들의 시합이 끝났는지 축구장에서는 아버지들이 아이들에게 둘러싸여 다 함께 공을 쫓으며 놀고 있었다. 며칠 전과 비교해 기온이 많이 올랐다고 해도 아직 웃통을 까고 뛰어다닐 만한 날씨는 아닐 텐데 아버지들은 하나도 빠짐없이 전부 상반신 알몸으로 축구에 빠져 있었다.

나는 압도당했다. 아버지들의 알몸에 압도되었다는 말은 아니다. 문신 때문이다. 모든 아버지들의 몸에 문신이 있었던 것이다. 한순간 후카사쿠 긴지深作欣=3 감독의 영화 속 장면인 줄 알았을 정도다. 작금의 오리엔탈 열풍 때문일까, 뛰어다니는 아버지들 중에는 등에 용을 풀어놓은 사람도 있었다.

우리 동네가 험악하다고 지금껏 여러 번 적었지만, 험악하다는 말에는 어폐가 있을지도 모르겠다. 정확히 말해, 이런 뜻이다. 노동자 계급의 구역으로 실

---

3 일본의 영화 감독으로 1970년대에 「도라 도라 도라」와 '의리 없는 전쟁' 시리즈 등으로 널리 알려졌다. 특히 온몸에 문신을 새긴 야쿠자들이 등장하는 영화로 사회 비판적인 메시지를 전했다.

업자 및 기초생활보장제도 수급자의 비율이 이례적으로 높은 지역이라는 말이다.

영국에서는 문신이 패션의 일부라 직업 등과 상관없이 모두 즐겨한다고 생각하는 일본인이 적지 않은데, 크게 오해한 것이다. 일류 대학교를 졸업하고 대도시에 근무하는 영국인 중에 문신 같은 걸 그리려는 사람은 없다.

그렇다고 해서 마피아만 문신을 새기는 것은 아니지만. 영국에서 문신은 노동자 계급의 상징이다. 특히 공원에서 뛰어다니는 저 아버지들처럼 등과 팔에 여러 문신을 그려넣은 경우라면 자신이 노동자 계급임을 노골적으로 드러내는 것이다.

그런고로 내가 잠시 일대 장관인 아버지들의 문신을 바라보는데, 왠지 낯익은 사람이 캔 맥주를 들고 "하나 갖고 가!"라며 나를 향해 소리쳤다. 자세히 보니 몇 년 전 나의 애묘가 도로에서 뺑소니를 당했을 때 고양이의 시신을 자기 집 정원으로 들이고 우리 집에 사건의 전말을 알려주러 왔던 동네 주부였다.

"그래도 돼요?"라면서 내가 다가가자 "괜찮아, 괜찮아. 자, 남편 것도 가져가."라고 아이스박스에서 한 캔 더 꺼내주었다. 그 옆에 놓인 종이상자를 들여다보니 이미 빈 캔이 산더미처럼 버려져 있었다. 오전

10시인데.

그렇구나. 아저씨들은 취했으니까 한겨울에 웃통을 까고 뛰어다닐 수 있는 거구나. 그렇게 납득한 나는 맥주를 슈퍼마켓의 비닐봉지에 담고 집으로 돌아갔다.

(2004.2)

후일담

…감추어서 무엇하랴. 요즘은 우리 집 아들이 이 축구 시합에 참가하기 때문에 일요일 아침마다 공원에 모여서 아이들을 응원하는 험악한 사람들 중 한 명이 바로 나라는 사실.

다람쥐와 여우와 고양이와 배우자

쾌청한 휴일 오후, 멍하니 책상에 팔꿈치를 괴고 창문으로 정원을 내려다보니 다람쥐 두 마리가 커다란 나무 아래를 빙글빙글 날았다가 뛰었다가 해서 아아, 시골 사는 묘미란 바로 이런 거지, 귀엽다, 하는 생각을 온화한 마음으로 하는데, 갑자기 다람쥐들이 급변해 맹렬한 속도로 나무를 오르기 시작해서 무슨 일인가 싶었지만, 별일 아니라 여우가 돌아온 것이었다.

돌아왔다고 했지만 딱히 우리 집에서 여우를 키우는 것은 아니다. 녀석이 멋대로 눌러앉은 것이지. 애초에 엇비슷하게 지어진 구 공영주택이 줄지어 늘어선 빈민가 주제에 뒷마당이 지나치게 휑뎅그렁한 것이 문제다. 집이 좀 볼품없으니까 정원이라도 널찍하게 하자고 생각했는지, 어차피 어처구니없게 싼 땅이니까 상관없다고 생각했는지, 주택지 조성 당시 정부가 얼마나 대충대충 계획을 세웠는지가 빤히 보인다.

그렇지만 가난뱅이는 이렇게 넓은 정원을 받아도 곤란하다. 왜냐하면 주말에 살짝 돌보는 정도로 감당할 수 있는 정원이 아니기 때문이다. 진지하게 어떻게든 해보려면 정원사를 여럿 고용해서 본격적인 발굴 작업을 해야 하는데, 그러면 거액의 지출이 발생하기 때문에 우리 집 정원은 계속 정글 상태다.

그런데 우리 정원을 정글 상태로 방치한 것이 생물들에 최고의 서식 환경을 제공한 것이었는지, 언젠가부터 정원에 동물들이 우글거리게 되었다. 크고 작은 다채로운 새, 다람쥐, 개. 이 정도는 그래도 괜찮다. 요즘 들어서는 부엌 창을 통해 여우 어미와 새끼가 나를 가만히 바라보는 지경이 되었다.

처음 녀석들을 보았을 때는 일본의 본가에서 기르는 시바견인 줄 알았다. 시바견치고 얼굴이 크다 싶었는데, 가만 보니 아무래도 여우였다. 여우 가족이 우리 정원의 한구석에 둥지를 만든 것이었다. 그렇게 같은 부지에서 생활하다 보니 여우 일가도 내 얼굴에 익숙해졌는지 최근 들어서는 나와 눈이 마주쳐도 도망치기는커녕 눈길을 돌리지도 않는다.

작년에 여우 한 마리가 다리를 절뚝거리는 걸 보고 배우자가 "저래서야 동네 쓰레기통을 뒤질 수도 없겠네."라고 가여워해서 한 달 정도 여우 가족의 둥지

곁에 먹을 걸 놓아두었는데, 여우들이 우리에게 은혜 같은 것을 느꼈는지 그 뒤로는 당당하게 부엌 코앞까지 와서 애정 가득한 눈빛으로 우리를 바라보기도 한다. 지켜보니 작은 새끼 여우도 데리고 있는 것 같아서 쫓아내지도 못한 채 정원의 주인으로서 대단히 곤란한 상황에 처해 있다.

그처럼 우리 정원에는 안 그래도 여기저기에 다양한 것들이 돌아다니고 있는데, 최근에는 고양이들까지 대거 몰려왔다.

문제는 우리 집 수고양이 토머스 때문이다. 녀석에게는 자신이 고양이라는 자각이 없다. 토머스 녀석이 하는 짓만 봐도 ① 주인이 이름을 부르면 빙글 돌아보고는 달려와서 주인의 손을 핥고, ② 주인의 자동차 소리를 들으면 100미터 떨어진 곳에서도 전력 질주로 돌아오는 등 고양이로서 있을 수 없는 비굴한 태도를 취한다.

녀석의 어미는 메인쿤Maine Coon이라는 미국산 고양이로 강아지처럼 붙임성이 좋은 종이라고 하니, 혈통 때문에 그런 거라면 그나마 참을 수 있다. 문제는 토머스가 붙임성이 좋은 데다 묘하게 사교적이기도 해서 친구들까지 줄줄이 끌고 집에 돌아오는 것이다.

본래 고양이의 세계란 영역 다툼이 살벌해서 담

장이나 정원 구석에 각자 오줌을 갈기고 "여긴 내 영역이야." "무슨 소리야, 이 애송이가. 죽는다." 같은 느낌으로 매일같이 투쟁을 벌이는 것 아니었나.

그런데 이 동네 고양이들은 다 같이 즐겁게 정글 같은 정원에서 술래잡기나 하면서 뛰어노니 이게 대체 무슨 일이냐. 너희가 빙글빙글 원을 그리고 뛰어다닐 때냐.

그런 것들을 사색하며 아래층으로 내려가서 인간이 이토록 많은 동물들과 가깝게 생활하면 사스SARS 같은 신형 바이러스가 발생할 위험성도 있으니 친구들을 줄줄이 데려오는 고양이를 다시 제대로 교육시킬 필요가 있지 않겠습니까, 하고 배우자에게 제안했으나 "거참, 걱정도 많네."라고 태평하게 웃을 뿐이었다.

그러는 배우자의 옆에는 옆집 아들내미가 대담하게 맨다리를 내놓고 앉아 있었고, 그 맞은편 소파에는 동네의 신문 가판대 점주와 현재 실업자인 전 펍 주인이 털썩 앉아서 맥주 캔을 움켜쥔 채 열심히 축구 경기를 관전 중이라 자세히 보니 내가 앉을 자리가 없었다.

줄줄이 데려오지 말라고 말했건만.

(아마도 2004. 2)

정글은 지금도 정글 같은 상태를 유지 중이다. 여우네 가족은 옆집 아들의 어머니가 몹시 우울하고 아파서 "이 세상은 쓰레기야." "이제 죽고 싶어."라고 연신 말하던 시기에 자기 집 정원을 가로지는 여우들에게 어째서인지 변덕스레 개 사료를 준 것을 계기로 지금은 옆집으로 이사를 갔다. 우리 집에도 가끔 놀러 오지만.

그리고 우리 집은 어떤 상황이냐면, 배우자가 새에 모이를 주는 탁자 같은 걸 구입해서 정글에 두고 남은 밥을 놓기 시작하면서 다양한 새가 우리 정원에 모여들게 되었다.

일하다가 문득 창밖을 바라보면 갈매기와 여우가 곰팡이 핀 식빵을 둘러싸고 피 튀기는 사투를 벌이고 있는 전율스러운 현장을 목격하기도 한다.

집단 반주와 아나키 인 더 펍

아일랜드에 다녀왔다. 아일랜드에서 살고 있는 시어머니가 고약한 감기를 앓다가 폐렴까지 걸렸다기에 병문안 겸 간호를 하러 다녀온 것이다.

그렇지만 병문안 겸 간호라고 해도 하루 종일 그것에만 매달려 있으면 기분이 좀 울적해지는 법이고, 아일랜드까지 와서 기네스를 마시지 않으면 술의 신에게 송구하기에 불성실하다고 생각하면서도 사흘째 밤에 배우자의 사촌 여동생과 함께 펍으로 갔다.

아일랜드에서는 2004년 3월 29일 자정부터 직장, 음식점 내를 비롯한 실내의 공공장소에서 흡연이 전면 금지되었다. 그리고 내가 펍에 간 것은 바로 그 이튿날 저녁이었다.

사실 나는 전부터 금연 조치에 관해 지대한 관심을 갖고 있었다. 일단, 술고래에 줄담배를 피우는 녀석들만 한가득인 나라에서 금연 같은 대담한 정책이

가능하다는 말인가, 하는 점이 흥미진진했던 것이다.

그렇지만 내가 아는 아일랜드는 어디까지나 1980년대의 아일랜드고, 이 나라는 최근 10년 동안 극적인 변화를 이루었다. 부유해졌고 거리를 오가는 젊은이들의 얼굴도 반들반들 깨끗해졌는데, 건강을 위해 매일 체육관에서 운동하고 유기농 채소 주스를 마시는 등 벼락부자 여피yuppie[4]의 문화가 만연하고 있다는 소식도 들었다. 야만스럽고 더러우며 가난한 술주정뱅이가 우글거려 멸망 후의 세계 같으면서도 묘하게 매력적이고 로큰롤 그 자체 같았던, 내가 알던 아일랜드는 더 이상 존재하지 않는 것이다.

그렇지만. 그렇다고 해도 아직 석연치 않은 구석이 있었다. 젊은 세대 중 벼락부자 여피 아이리시는 제쳐두더라도, 1980년대를 주름잡았던 그 사람들까지 건강 지향적인 21세기 사상에 물들었다는 말일까? '죽어도 마신다.' '죽어도 피운다.' 이런 느낌이던 그들까지 얌전히 정부가 시키는 대로 금연할까?

무엇보다 흡연자에게 술을 마시면서 담배를 피우지 못하는 상황은 지옥이나 마찬가지라 그럴 바에는

---

4 1980년대 중반 생겨난 말로 대도시 혹은 그 주위에서 생활하며 지식산업이나 전문직에 종사하는 젊은이들을 가리킨다.

펍에 가기보다 집에서 담배를 피우며 마시는 게 술도 훨씬 맛있을 것이다. 이런 생각에 따라 줄담배 아저씨들이 일제히 '펍 출근'하던 습관을 '집에서 반주'하는 것으로 바꾼다면 동네 단골손님밖에 오지 않는 지방의 소규모 펍 경영자는 큰 손실을 입을 수밖에 없다. 아일랜드 정부는 금연 정책이 경제적 효과로 이어질 수 있다고 했다는데, 펍에서 금연하게 만들면 아저씨들 대신 아내들이나 아이들이 단골이 되어 밤마다 펍이 성행할 것이라는 말인가.

내가 배우자의 사촌 여동생과 함께 간 곳도 단골손님밖에 오지 않을 것 같은 시골의 펍이었다. 언제 가도 똑같은 손님들만 있고 다 같이 맥주를 마시며 축구를 보거나 퀴즈 프로그램을 보며 빈둥빈둥 시간을 보내는 작은 가게다.

가게 문을 열자마자 손님이 급감했음을 알 수 있었다. 카운터에서 마시는 젊은이 두 명, 창가 자리에서 소곤소곤 이야기하는 커플, 그리고 우리. 그 외에는 손님이 눈에 띄지 않았다. 역시 이곳처럼 개인이 경영하는 시골 펍에 이번 금연 정책은 뼈아픈 타격인 것이다. 카운터 안쪽에 있는 펍 주인의 사모님도 미간에 주름을 잡고 어딘지 초췌한 모습이고. 그런데 갑자기 사모님이 "누라, 네 남편 위에 있어."라고 배우자의 사촌 동생에게 말을 걸었다.

"역시 여기 있었구나. 우리도 위에 갈래?"라고 누라가 권하기에 이 펍에 2층이 있었나 의아해하며 나도 뒤를 따라 화장실 앞 통로를 지나쳐 목제 문을 열고 개인 주택의 계단처럼 좁은 계단을 올라 2층에 갔다.

여기 진짜로 사장 부부의 집이네 싶은 분위기가 물씬 풍기는, 동네 중국집 달력에 아일랜드 국가대표 축구팀 포스터 등이 벽에 붙은 복도가 나왔다. 그 복도를 나아가서 막다른 곳에 있는 문을 열자 그곳에는 안개로 유명한 홋카이도의 마슈호摩周湖 못지않게 하얀 연기가 가득 차 있었다. 자욱한 안갯속 여기저기에 많은 사람들이 벽난로 위에 팔꿈치를 괴거나 소파에 앉거나 창가에 서서 한 손에 맥주잔을 들고 담배를 피우고 있었다. 별일 아니다. 가정집 거실에서 남녀 십수 명이 북적거리며 담배를 피우고 술을 들이켜고 있었던 것이다.

"어이, 여기, 여기."라는 목소리가 들리는 쪽을 보니 안개 저편에서 희미하게 손을 흔드는 누라의 배우자가 보였다.

"이거 금연법 위반 아냐?"라고 내가 묻자 누라의 배우자는 "여긴 펍이 아니잖아. 가정집인걸. 봐, 저기서 경찰도 담배 피우고 있어, 애런!"이라고 소리쳤고, 정말로 경찰인지는 알 수 없었지만 애런이라고 불린 사복 차림 아저씨가 새빨개진 얼굴로 쑥스러워하며 웃었다.

펍의 주인은 자기도 연기를 내뿜으면서 빈 맥주잔을 모으고, 재떨이의 담뱃재를 양동이에 버리고, 전화로 아래층의 아내에게 주문을 전달하고 씩씩하게 계단을 오르내리며 맥주잔을 날랐다. 실로 유려한 움직임이었다. 이 펍은 겉보기에는 파리가 날리고 있지만, 실은 이처럼 성황이었던 것이다. 이러니 카운터 안에 있던 사모님이 그렇게 지쳐 보였지.

중년 아일랜드인의 반골 정신은 현재도 건재. 억압을 받아도 반드시 샛길을 찾아낸다. 아일랜드의 시골에서는 앞으로 '펍 출근'이 아니라 주인집 거실에서 하는 '집단 반주'가 유행할지도 모르겠다.

후일담

작년에도 아일랜드에 갔는데, 이 시골 펍은 여전히 장사하고 있었다. 펍 바깥에 커다란 쓰레기통 같은 재떨이가 설치되어 있었다.

누라는 벌써 손주가 두 명 있는 멋진 할머니가 되었다. 우리는 손주가 있어도 이상하지 않은 나이에 접어든 것이다. 나는 초등학생을 키우고 있지만.

배우자의 어머니와 형이 세상을 떠났고, 배우자의 본가도 다른 사람에게 팔았기에 더 이상 아일랜드가 배우자의 '고향 집'이라는 느낌은 없다.

사실 애초에 런던에서 나고 자란 배우자에게 아일랜드가 고향이라는 인식은 전혀 없었다. 그럼에도 아직 우리가 가끔씩 아일랜드에 가는 것은 단순히 내가 그 나라를 사랑하기 때문이다.

음악이라는 정신고양제

억울한 일이 있었다. 그래서 늘 그러듯이 술을 마시기 시작했다. 그러자 평소처럼 격렬한 음악이 그리워져서 오랜만에 원한을 노래하는 펑크로 밤을 지새우려 마음먹고 익숙한, 아니, 하도 봐서 질렸다는 표현이 적당한 CD를 찾았다.

그런데 아무리 찾아봐도 중요한 CD가 눈에 띄지 않았다. 내가 콧물을 줄줄 흘리던 소녀 시절부터 우울한 일, 억울한 일, 잊고 싶은 일, 그 외 달갑지 않은 일이 있을 때마다 들어서 친숙해진 애청 음반, 아니, 어떤 의미로는 내 속에서 구슬픈 음반으로 분류되어 있는 그 CD가 보이지 않았던 것이다.

CD 같은 물건이 홀연히 자취를 감출 리도 없고, 눈에 띄지 않는다기보다는 내게 찾아내는 능력이 없어진 것이었다. 술에 취했으니까.

그렇게 생각하니 스스로가 한심했고, 이렇게 주

정뱅이가 되기 위해 수십 년이나 살아온 것인가 생각하니 마침내 비참한 기분이 들었다. 그렇게 울면서 문득 손에 잡은 CD는 크랜베리스The Cranberries[5]의 앨범이었다.

그 앨범 재킷을 바라보면서 '역요법逆療法'이라는 것도 있지 않을까 하는 생각이 들었다. 바닥까지 우울해졌다고 해서 더욱 공격적인 원망의 노래로 감정을 고조시키지 않고, 그 대신 뭐랄까, 세계를 향해 양팔을 펼치고 점점 팔을 벌려 나가는 듯한 긍정적인 노래로 정신을 고양시키는 것은 어떨까 생각한 것이다.

나는 사람들 개개인에게 '황홀에 빠져 양팔을 펼치고 점점 벌려 나가는 계통'의, 일종의 마약 같은 역할을 하는 음악이 있지 않을까 짐작하고 있다. 내게 그런 음악은 크랜베리스의 「드림즈Dreams」다. 사실 나는 내가 이 곡을 좋아하는지 어떤지도 모른다. 그저, 이 곡을 틀면 뇌의 어딘가가 녹고 뭐랄까 긍정적인 기분이 되어 퍼져가는 것이다. 나 자신이.

오래전, 브라이턴의 게이 친구들과 놀았던 시절, 아바ABBA의 「댄싱 퀸Dancing Queen」만 나오면 어째서인

5 1990년대에 활발히 활동하며 세계적인 명성을 얻은 아일랜드의 얼터너티브 록 밴드.

지 플로어에서 춤추던 게이 친구들의 눈빛이 황홀경에 빠진 듯이 돌변했고, 양팔을 하늘을 향해 벌리기 시작하며 "오오오온리, 세브으은티이이이이인."이라고 노래하면서 광란하듯이 옆으로 스텝을 밟는 것을 몇 번이나 목격했다. 퍼져갔던 것이겠지. 게이 친구들이.

사족이지만, 게이 친구들은 마돈나Madonna의 「돈 크라이 포 미 아르헨티나Don't Cry For Me Argentina」에도 황홀해하는 구석이 있는데, 그때는 양팔을 펼치는 것이 아니라 반대로 자신의 상반신을 스스로 꼭 안으면서 춤췄으니 그때는 퍼져갔던 게 아닌 것 같다.

내 배우자는 U2유투[6]의 「뷰티풀 데이Beautiful Day」를 들으면 퍼져가는 모양으로 운전 중에 그 노래를 들으면 자기도 모르게 과속하다 단속에 걸리기도 해서 위험하다고 한다. 배우자가 반드시 시청하는 축구 프로그램인 「더 프리미어십」의 주제곡으로 쓰인다는 점 역시 배우자가 이 노래를 들을 때마다 퍼져가는 원인 중 하나일 것이다.

또 다른 지인은 뉴 래디컬스New Radicals[7]의 「유 겟

---

6 아일랜드의 록 밴드. 대중음악 역사상 가장 흥행한 영향력 있는 밴드로 손꼽힌다.
7 1997년 결성된 미국의 얼터너티브 록 밴드.

왓 유 기브You Get What You Give]를 들으면 자기도 모르게 퍼지는 걸 주체할 수 없다고 고백했다. 그의 집에서는 이 곡을 재생하면 잉꼬까지 날아오르고 싶은지 새장 속에서 퍼덕퍼덕 날뛴다고 한다. 확실히 그 곡 역시 뭔가 있어 보인다.

그런데 이 '퍼지는 느낌'이란 무엇일까. 마음이 대담해지는 것일까. 아니면 뇌가 비대해지지 않도록 막던 핀 같은 것이 빠져 제한 구역 이상으로 커진 뇌 탓에 일시적으로 정신이 이상해지는, 그런 것일까. 진상이 무엇이든 그런 노래들에는 그야말로 각성제 같은 효과가 있는데, 그와 같은 작용을 인간의 중추신경에 일으킬 수 있는 것은 음악뿐이다. 영화와 책과 회화에 그런 힘은 없다.

그렇게 생각하면 술에 취해서 근심을 날려버리려고 할 때 듣는 음악으로 마약 같은 효과를 지닌 노래만큼 어울리는 것이 있을까. 알코올과 각성제. 두 가지 효과가 겹치면 억울한 일 한둘쯤은 가볍게 떨쳐버릴 수 있는 게 당연하다. 적어도 일시적으로는.

그런고로 어쩔 줄 몰라 안절부절못하는 나는 마치 각성제에 찌든 사람처럼 손을 덜덜 떨며 크랜베리스의 CD 케이스를 열었다. 그런데 이게 뭐야, 나는 질겁해서 그 자리에 우뚝 섰다.

섹스 피스톨즈의 CD가 들어 있었던 것이다. 이런 곳에.

영문도 모르는 채 일단 CD를 플레이어에 삽입하고 머그컵에 위스키를 따랐다.

흥, 잘됐어. 애초에 이런 걸 듣고 싶었으니까.

정신고양제는 한때의 벗. 원망의 노래는 평생의 벗. 늘 그렇게 말했잖아. 누가? 내가.

(2004. 4. 20)

후일담

최근에 피스톨즈는 듣지 않는다. 왜냐하면 모리시Morrissey라는 사람에 관한 책을 쓰느라고 더 스미스The Smiths와 모리시만 들었기 때문이다.[8] 그간 정신고양제로 쓴 곡은 더 스미스의 「하우 순 이즈 나우?How Soon Is Now?」

---

8 더 스미스는 1982년 영국에서 결성된 록 밴드로 5년이라는 짧은 기간 동안 활동했으나 후대에 막대한 영향을 미쳤다. 모리시는 더 스미스의 리더로 밴드 해체 후에도 음악가로 활발히 활동하고 있다.

어느 날, 아침에 일어나니 큰일이 일어나 있었다. 바닥에 끈적하게 혈흔이 남아 있었던 것이다.

아무리 펑크 출신 여자라도 아침 댓바람부터 그런 광경을 보면 깜짝 놀라게 마련이다. 심지어 자주색 내장 같은 게 부엌 바닥에 굴러다니고 있으니, 침대에서 일어나자마자 보기에 그리 유쾌한 광경은 아니다.

부엌 바닥에 인간의 내장이 있었다면 나와 배우자는 브라이턴 경찰의 오라를 받았겠지만, 그 시신들은 인간의 것이 아니었다. 전부 새들의 육체였다.

얼마 전 일본에 있는 여동생이 다구치 란디ㅃㅁㅋ ソディ의 『안테나』[9]라는 책을 보내주었는데, 책 표지의 그림이 내 눈에는 찢긴 비둘기의 날개로밖에 안 보였

<hr>

9 송미정 옮김, 깊은강 2002, 절판.

고 꽤 나중에야 그것이 천사의 부러진 날개라고 밝혀
졌을 때는 나도 좀더 매사를 시적인 관점으로 봐야 하
지 않겠느냐고 생각하기도 했지만, 그런 건 지금 아무
래도 좋다. 아무튼 그와 같은 모습의 시신이 우리 집
안에 뚝뚝 떨어져 있었던 것이다.

앞서 적은 대로 우리 집 정원에는 웅대한 자연이
있는 그대로 보존되어 있기에 항상 이런저런 생물들이
우글거리고 새도 다양한 종이 찾아와 짹짹거리고 울
면서 우아하게 살고들 계신다.

그런데 우리 집 고양이라는 녀석은 그처럼 평화
롭게 살아가는 조류 여러분을 위협하고 잔혹하게도
그들을 사냥하는 것이 아닌가. 그리고 사냥에 그치는
것이 아니라 조류 여러분을 물고 집 안에 들어와 바닥
에 놓고 먹어버린다. 심지어 멍청한 토머스(우리 집 수
고양이)는 아무래도 두부의 오독오독하고 바삭한 부
분이 맘에 드는지 머리만 뜯어 먹고는 새의 내장과 몸
체는 부엌 바닥에 버리고 간다.

"고양이는 원래 호랑이의 친척 같은 동물이니까
사냥하는 게 본능이야. 시골에 살면서 그런 고양이 본
래의 야성이 나오는 거지. 좋잖아, 야생 같고. 본성에
따르면서 사는 게 나는 더 좋은데. 사람한테 길들여진
고양이는 재미도 뭣도 없어."

배우자는 말했다. 그는 야생적인 게 좋을지 모르겠지만, 매일 아침 혈흔과 새의 육체 일부를 정리해야 하는 내 입장도 되어보라지. 아침에 눈뜨자마자 스플래터 영화-splatter film[10]를 보는 것은 결코 달갑지 않다.

그런데 생물의 본능이란 아무래도 여름에 현저히 나타나는 모양으로 우리 집 고양이들 역시 영국의 하늘이 우중충한 동안에는 그처럼 방약무인하게 행동하지 않는다. 그와 마찬가지 논리로 여름이 되면 나도 동물로서 본능이 고개를 내미는지 야성의 정념으로 가득한 남자의 목소리가 몹시 듣고 싶어진다.

인중이 뚜렷한 남자의 목소리에는 깊은 정과 많은 업이 담겨 있다. 나는 이런 주장을 오래전부터 혼자 해왔는데, 예컨대 음수마인淫獸魔人 이기 팝Iggy Pop,[11] 거물 사내 마치다 마치조町田 町蔵,[12] 그리고 킹 잉크King Ink 닉 케이브Nick Cave[13]의 얼굴을 머릿속에 떠올리면 내

---

10 공포영화의 한 장르로 관객의 공포심을 유발하기 위해 유혈이 낭자한 폭력적인 장면을 상세히 묘사한다.
11 미국의 록 가수이자 배우. '펑크의 대부'로 일컬어지며 자유분방하고 거친 음악과 무대 매너로 유명하다.
12 일본의 록 가수이자 작가. 마치다 마치조는 초창기 가수로 활동할 때의 예명이고 현재는 마치다 고(町田 康)라는 이름으로 활동하고 있다.
13 호주 출신 싱어송라이터. '킹 잉크'는 닉 케이브가 자작시, 가사 등을 모아 1988년 출간한 책 제목이다.

가 무슨 말을 하려는지 이해해줄 수 있지 않을까.

관상학에서는 인중의 골이 뚜렷할수록 성실한 사람이라고 한다는데, 성실에는 타인을 대할 때 성실한 것 말고 자기 자신에게 성실한 것 역시 있지 않을까. 즉, 자신의 본성에 충실하여 새를 머리부터 우적우적 깨물어 먹는 것과 비슷하게 말이다.

이 인중이라고 불리는 골은 나이를 먹을수록 점점 눈에 띄지 않게 된다고 하는데, 어째서인지 닉 케이브의 인중만은 흐릿해지지 않는다. 골이 흐릿해지기는커녕 해가 갈수록 뚜렷하게 깊어지고 있다. 이 무슨 야성이란 말인가. 이토록 업이 많단 말인가.

많은 업과 깊은 정으로 내지르는 닉 케이브 앤드 더 배드 시즈Nick Cave and the Bad Seeds[14]의 곡들에 오랫동안 사랑과 원념을 품어왔다. '네놈들이 이런 격렬한 곡을 만들지만 않았어도.'라며 내 인생에 끼친 손해를 배상하라고 청구하고 싶은 마음까지 있다.

하지만 나는 닉 케이브와 셰인 맥고원Shane MacGowan[15]이 듀엣으로 부른 「원더풀 월드Wonderful World」의 가벼운 불량함을 꽤 좋아해서 지금도 기분 좋게 취

---

14 1983년 닉 케이브를 중심으로 결성된 록 밴드로 여러 장르를 넘나들며 현재까지 활발히 활동하고 있다.

했을 때 무심코 듣곤 한다. 바닥에 널빤지를 정연하게 깔고 청결함을 연출해서 세태에 영합하는 펍이 아니라 30년 전부터 진드기가 차곡차곡 쌓였을 듯한 빨간 융단이 깔린 더블린 근방의 어둑어둑한 펍에서 알코올에 찌든 아저씨들이 칠칠맞지 못하게 노래하는 느낌을 진공 용기에 담은 듯한, 그런 곡이다.

　텔레비전 프로그램 「사우스 뱅크 쇼The South Bank Show」에서 브라이턴에 거주하는 닉 케이브의 다큐멘터리를 방영했을 때, 그는 "브라이턴은 좋은 의미로 균형 잡힌 곳"이라고 했다. 닉이 언급한 균형이란 대기업 중역, 홈리스, 게이 친구들, 연금생활자 군단, 런던에서 살 수 없어 낙향한 전 뮤지션 및 배우, 백수 주제에 매일 채소를 먹고 명상만 하는 태평한 사람들 등 없는 게 없고 그 대비가 굉장히 격렬하면서도 어째서인지 다채로운 사람들이 서로 기세부리지 않으며 조화하고 공생하는 브라이턴의 특성을 가리키는 게 틀림없다. 이 동네에서는 왠지 각 진영이 어깨에 힘을 빼고 있는 것이다.

15 아일랜드의 록 가수. 밴드 더 포그스(The Pogues)의 핵심 멤버였으며 영국에서 가장 애청하는 크리스마스 노래인 「페어리테일 오브 뉴욕(Fairytale of New York)」으로 큰 성공을 거두었다.

그런 브라이턴의 바닷가를 닉 케이브가 무뚝뚝한 표정으로 산책하는 모습을 몇 차례 보았는데, 지나치는 동네 사람들은 그가 누군지 알아보면서도 못 본 척을 했다. 케이브 씨 맞으시죠, 하며 악수하러 가는 사람도 없었고, 돌아보는 사람조차 없었다. 그런 점도 있는 동네다. 누구든 받아들이는 붙임성이 있는 동시에 확실히 선을 지키는 법도 알고 있다.

브라이턴은 어딘가 내 고향과 닮았다.

(2004. 8. 14)

후일담

온갖 동물들이 우글거릴 수 있는 웅대한 자연을 제공하던 우리 집 정원은 후쿠오카에서 날아온 내 아버지가 포클레인으로 땅을 파내고 벽돌로 벽을 쌓아 계단식 밭 모양의 아름다운 정원을 만들 기초를 완성해준 뒤로 한동안은 큰 변화에 놀란 동물들이 오지 않았다. 하지만 그 뒤로 누구도 손을 대지 않고 방치하니 다시 정글 상태가 되었고, 여전히 온갖 생물들의 보고로 남아 있다. 아버지, 미안.

맹수의 배출법

내 할머니가 인지저하증이 진행되어 얼굴이 부어오르고 이목구비가 뚜렷하지 않게 된 시절밖에 본 적이 없던 배우자가 "아냐, 할머니가 젊었을 적에는 소문난 미인이었어."라고 내가 말해도 전혀 믿어주지 않기에 일본의 어머니에게 부탁해 할머니의 젊은 시절 사진을 받았다.

어느 연못에 핀 수선화를 배경으로 일본식 옷을 입은 할머니가 앉아서 미소 짓고 있는 흑백 사진. 1920년대에 찍힌 사진이다.

그 시절의 여성 사진을 보면 이 사람은 우리와 다른 인종이 아닐까 하는 생각이 든다. 눈동자에 이상하리만치 강한 빛이 있다. 아니다. 내가 그런 것을 강하게 느껴버리는 이유는 틀림없이 그 사진에 찍힌 사람이 내 할머니이기 때문일 것이다. 그 시절 여성들의 눈동자에 전부 그런 빛이 있었을까 생각해보면 결코 그렇지 않았을 것이다.

 내 할머니는 그 사진을 찍었을 무렵부터 뇌에 물리적인 이상이 있었다. 하지만 그 사실이 밝혀진 것은 할머니가 알츠하이머를 앓으며 뇌를 검사해봤을 때였다. 그때껏 누구도 (본인도) 그런 줄 몰랐다. 그 사실을 알았을 때 가족들은 "아아, 역시…." 하는 정도로 그다지 충격을 받지 않았다. 성난 파도처럼 소란스러운 할머니의 언동에 휘둘리며 가족들이 몹시 고생해왔고, 친척들 사이에서 "할머니는 미×어."라는 말이 일종의 암호로 통했기 때문이다.

 할머니는 만주에서 부잣집 딸로 자랐다고 하는데, 귀국 후 증조부가 돌아가시면서 급격하게 가세가 기울었고 '군소리하지 말고 너도 일해.'라는 상태가 되어서도 자존심을 세우고 예술과 문학과 철학 같은, 가계에 한 푼도 보탬이 되지 않는 것만 흥미로워한 사람이었다. 나 같은 여자가 그런 짓을 했으면 굶어 죽는 수밖에 없었겠지만, 할머니는 평생 독신으로 살면서도 노동다운 노동을 한 적이 없고(항상 누군가가 부양해주었겠지), 게다가 아이도 여럿 낳은 100년 전의 싱글 맘이었다.

 할머니는 극단적으로 무언가에 잘 빠져드는 사람이었는데, 무언가를 좋아하거나 무언가에 열중하기 시작하면 그것만 생각하느라 일상은 뒤로 내팽개쳤다. 하지만 평소 생활을 할 때는 "가끔 언동이 이상하네." 하는 정도로 별다른 지장은 없었기 때문에 가족들은 할머니가 인지저하증이 될 때까지 병원에 데려간적이 없었고, 할머니가 이상한 건 뇌의 기질적 문제가 아니라 성격적인 문제라고 여겨왔다. 하지만 할머니가 가장 예뻐한 손주였던 나는 그가 평범하지 않다는 것을 아주 일찍부터 느꼈던 것 같다.

계절이 바뀌는 무렵이 되면 할머니는 어쩐지 이상해졌다. 이유가 없는데도 초조함이라고 할까, 편집증 같은 것에 휩싸이는 듯 "책 따위 읽어서 뭐 한다고."라며 갑자기 책장에 꽂힌 책을 죄 버리기 시작하거나, 나와 할머니 둘이서는 절대로 먹지 못할 많은 프랑스 요리를 공들여서 만들거나, "내일은 기모노를 입고 상점가에 가자."라고는 밤새워 내 기모노를 만드는가 싶더니 아침이 되자 옷감의 색이 이상하다며 갈기갈기 찢어버리기도 했다. 그럴 때 할머니가 내뿜는 에너지는 굉장했다. 맹수 같았다. 할머니가 자신의 내면에 있는 무언가를 필사적으로 내보내려 했던 것이라고 나는 생각한다. 표현 충동이라고 할 만큼 고상한 것은 아니지만, 배출 충동 같은 것이 오카모토 다로岡本 太郎[16]의 말처럼 폭발한 것이다.

일단 그런 상태가 되면 할머니는 내가 툇마루에서 데굴데굴 구르며 엉엉 울어도 전혀 관심 없다는 듯한 멍한 눈빛으로 나를 내려다볼 뿐이었고, 울면서 머리가 아프다고 호소해도 "시끄러워. 네가 알아서 해."라고 역정을 낼 뿐이었다. 돌이켜보면 형편없는 할머니였다. 그럼에도 내가 툭하면 할머니의 집에 놀러 가서 잤던 이유는 아마도 그의 색다른 매력이 좋았기 때문이랄지, 그 사나운 순수함에 마음이 끌렸기 때문일 것이다.

예술과 정신병의 관계는 결코 로맨틱하게 여길 것이 아니다. 특히 공연예술에서는 예술적 행위와 프리크 쇼freak show[17]를 명확히 구별해야 한다. 병은 병이니까 제대로 치료한 다음에 예술의 길을 나아가려 힘쓰는 것이 도리라는 말이다.

오래전 오에 신야大江 慎也[18]의 병세가 심해졌을 무렵, 병에 걸린 사람을 보고 "편집증이라니 스릴 넘쳐."라고 떠드는 놈들은 말도 섞기 싫을 만큼 멍청이라

---

16 20세기에 활동한 일본의 예술가. "예술은 폭발이다."라는 말로 유명하며 회화, 입체 작품 등을 다양하게 창작했다.
17 기괴한 사람이나 동물을 구경거리로 세우거나 곡예를 시키는 공연.
18 일본의 록 가수. 젊어서 밴드 활동을 하던 시절 신경쇠약 등으로 정신과 병원에 입원했다.

고 생각했고, 둥실둥실 떠다니는 듯한 멍한 눈빛으로 무대 위에 서 있는 오에 신야를 봤을 때도 몹시 화가 났다.

어째서 저런 상태가 된 사람을 무대에 세우는가 하는 분노도 물론 있었지만, 어째서 저런 상태가 되어서도 무대에 서려 하는가 하는 분노도 있었다. 그리고 그런 오에 신야를 보고 열광하는 젊은이들의 "오에, 오에!" 하는 뻔뻔한 구호. 상태가 나쁜 사람을 진귀하게 보고, 병이 있는 인간을 기대하는 목소리. 마치 축제 날의 벼룩 서커스 같았다. 완벽하게 절대적으로 완전히 실망한 나는 도중에 공연장을 벗어나 맥주를 마시며 혼자 돌아갔다. 거기가 도쿄의 시바우라芝浦였던가?

그렇지만 그날도 까마득한 옛날이 되었고 액자에 넣어 책상 위에 올려둔 할머니의 젊은 시절 사진을 보면서 나는 생각한다.

이 할머니의 눈동자와 그날 오에 신야의 눈동자는, 닮았어.

이런 눈동자를 지닌 인간은 주위 사람들에게 원망스러울 만큼 성가신 존재지만, 그 거칠기 그지없는 에너지를 올바른 방향으로 이끌 수만 있으면 유일무이한 표현자가 될 수도 있다. 예술이니 공연이니 하는 시시한 이론의 틀을 뛰어넘어서 순수한 표현 충동을 구현하는 표현자로. 그날 밤 "오에, 오에!"라고 외쳤던 청년들도 실은 병에 걸린 인간을 진귀하게 본 것이 아니라 그런 오에에게 완전히 넘어갔던 게 틀림없다.

하지만 고통스러워하면서도 자신의 내면을 배출하며 살 수 있었던 오에는 행운아다.

내 할머니는 자신의 내면에 자리한 범상치 않은 수준의 에너지를 제대로 배출하는 방법을 모른 채 그에 휘둘려 혼란에 빠질 뿐이었고, 이른바 정신이 나간 상태 그대로 죽었다. 자신의 내면에서 날뛰는 맹수를 밖으로 내보낼 방법을 몰랐고, 가르쳐주는 사람도 없었으니까.

그렇게 생각하면 애달프고, 허무하고, 뭔가 말로 표현하지 못할 것이 불쑥불쑥 가슴에서 솟아올라 침울해지는 탓에 아아, 요즘은 술도 맛이 없다.

내년에는 할머니에게 성묘를 갈까.

맹수에 대한 진혼. 그걸 하러 일본에 가자.

그런 사람이 귀신이 되어 나오기라도 하면 그 또한 무시무시할 것 같으니까.

(2004. 10. 3)

고뇌하는 숙모

어째서 이곳에서는 고민 상담 전문가인 중년 여성을 아무 혈연이 없는데도 '숙모aunt'를 써서 '애거니 앤트agony aunt'[19]라고 부르는 걸까. 평소부터 그런 의문을 느껴왔는데, 최근 들어서야 그 이유를 알 게 된 듯하다. 아무래도 서양 사회에는 자신의 숙모에게 고민을 상담한다는 기묘하기 짝이 없는 풍습이 존재하는 모양이다.

실은 내게도 남편의 친척 쪽으로 조카딸이 두 명 있다. 한 사람은 도시에서 일하는 '커리어 걸'로 굳이 말하면 내가 먼저 상담을 청하고 싶을 만큼 야무지기에 그 조카는 정신적 고통agony과도 숙모aunt와도 인연이 없다. 하지만 문제는 발레리나인 다른 조카딸 쪽이

---

19 신문과 잡지 등의 고민 상담 코너를 맡아 독자들의 질문에 답해주는 중년 여성을 가리키는 말이다.

다. 이 조카가 최근 들어 이 가난하고 천한 애거니 앤트에게 편지로든 메일로든 만나서든 집요하게 상담을 청하는 까닭에 꽤 성가신 상황에 처해 있다.

이 조카는 스페인의 이비사Ibiza라는 섬에서 태어났다. 그 아이의 어머니는 내 배우자의 누나로 약 30년 전에 프랑스인과 결혼하여 스페인의 이비사섬에 이주했고, 그곳에서 조카를 낳고 키웠다. 이비사섬이라는 곳은 과거에 히피, 현재는 클럽의 성지로 명성을 날리고 있으며, 여름이 되면 영국의 젊은이들이 대거 몰려가 술과 성교와 약물과 춤의 나날을 탐닉한다. 거리를 오가는 사람들의 구경거리가 되면서도 길가에서 당당히 정열적인 행위에 빠져 있는 반라의 남녀 등을 목격하는 것은 이비사섬에서 드문 일도 별일도 아니다. 그중에는 정열적이라는 단계를 뛰어넘어 정말로 길에서 생식 행위를 하는 놈들도 있다.

조카는 그와 같은 고향의 풍기 문란을 정말 싫어했다. 그래서 나고 자란 고향이면서도 유명한 산안토니오 해변 같은 곳에는 가본 적 없고, 발레리나가 되어 일 때문에 런던으로 이주한 후에도 섬이 야생처럼 변하는 여름철에는 고향에 돌아가기 싫어한다. 심지어 몇 년 전에 어느 독일인 예술가가 조카의 본가 옆집을 별장으로 구입하여 여름마다 친구와 지인을 줄줄이 데려오기 시작한 후로 조카의 태도는 더더욱 고집스러워졌다.

옆집의 예술가도 무언가 주의나 주장을 지니고 있어서 그런 모습으로 지내시는지는 모르겠지만, 정원 울타리 사이로 홀딱 벗고 돌아다니는 누디스트들의 모습이 보였다 안 보였다 하는 상황은 결벽증이 있는 조카에게 너무 자극적이었다. 그리고 언젠가부터 조카의 내면에는 성을 향한 심각한 혐오 의식이 생겨나 있었다. 옆집 사람들을 향해 "「개구쟁이 삐뽀」[20] 같아."라며 낄낄거리고 웃은 사람은 성실과 거리가 먼 동양인 숙모뿐이었다.

그런고로 조카는 이상하리만치 금욕적이 되었고, 거기에 발레리나 특유의 밥을 먹지 않고, 늦은 밤까지 놀지 않으며 규칙대로 생활하고, 성교로 몸의 선이 망가지지 않도록 남자와 사귀지 않는 등의 금욕적인 나르시시즘이 더해져서 심각한 신경증에 시달리거나 신체 사이즈가 아동 수준으로 줄어들어 입원하기도 하며 일가친척의 걱정을 받고 있다.

그런데 올해 들어 이 발레리나가 극적인 대변신

---

20 원시 시대를 배경으로 주인공 소년과 가족이 겪는 소동을 코믹하게 그린 일본 애니메이션.

을 이루어냈다. 20대 중반이 되어서야 간신히 첫사랑이라고 할지, 다자이 오사무太宰 治처럼 말하면 "색욕의 워밍업"을 경험한 듯했다. 그와 더불어 바로 얼마 전에는 아무래도 워밍업 단계를 끝내고 첫 무대에 서는 쾌거까지 이룬 모양이다. 왜 그런 걸 내가 아느냐면 내가 조카의 애거니 앤트이기 때문이다.

이것이 서양의 풍습이라면 이 지역으로 시집을 와버린 내 과실이기도 하니 잠자코 숙모로서 역할을 완수하여 사랑의 괴로움agony이든 색욕의 고통agony이든 들어줄 테니 마음껏 얘기해봐라. 처음에는 나도 그렇게 참고 견뎠다.

그렇지만 타인의 고민을 듣는 것이 이토록 힘든 일인 줄은 이 나이가 되도록 몰랐다. 왜 그토록 내가 힘들었냐면, 이 조카의 성격이 쏜살같으면서 순박하다고 할까, 간단히 말해 끈덕진 것이다. 예컨대 조카가 보낸 상담 메일을 무시하고 내가 생업에 열중하고 있으면, 두 시간마다 "답장을 아직 받지 못했어요."라고 확인하는 메일을 보낸다. 그 메일을 무시하면 이번에는 전화를 걸어온다. 그래서 자동응답기를 활용하면 팩스가 들어온다. 이런 방식으로 성난 파도처럼 상담이 밀려드는 것이다.

이런 상태가 한 달이나 계속되니 아무래도 나 역

시 질릴 수밖에 없었다. 그리고 머지않아 사람이 잠자
코 들어주니까 신났나 본데 나는 그럴 때가 아니라고,
하는 맹렬한 분노까지 느끼기 시작했지만, 아아, 그래
도 애초에 실실거리며 상담 같은 걸 받아준 내가 가장
잘못했지, 다 내 자업자득이야, 오늘까지 내 인생이 전
부, 하는 변치 않는 진실과 또다시 마주하고 땅콩처럼
줄줄이 접수되는 상담거리를 바라보는 초췌한 숙모
는 칠흑처럼 어두운 하늘을 향해 자기 자신의 괴로움
agony을 중얼거렸다.

일해도 일해도 내 생활의 앞날 어둡네
뭐, 그렇다고오오오오

이런 대합창이 귓속에서 울린다.

(2004. 11. 10)

오버 더 레인보우

　최근, 기분이 우울해지는 일이 많다. 우울한 사람
들로부터 우울한 상담을 받고, 이것저것 많은 고난도
문제들을 상대하는 사이에 나까지 우울, 우울, 우울
속에 빠져든 것이다. 어째서 이 세상에는 이토록 '이렇
게 해줘, 저렇게 해줘.' 하고 요구하는 사람이 많은 것
인가. 자신의 엉덩이는 스스로 닦길 바란다. 내 엉덩이
만 해도 구린데, 남의 엉덩이는 한층 더 구리다.

　이러쿵저러쿵 불만만 말해봤자 더욱 기분이 가라
앉을 뿐이라서 나는 술병을 들고 브라질인 친구 집에
가기로 했다. 그 친구는 이 책에도 몇 차례 등장했는
데, 최근 1년 동안 무시무시한 인생의 격랑에 시달리
고 있는 인물이다. 배우자가 집을 나가, 회사에서 잘
려, 다시 취직할 곳을 못 찾아, 어중간하게 저금이 있
는 탓에 실업급여도 못 받아, 제대로 된 일자리를 찾
는 사이에 청소부로 먹고사는데 자전거로 통근하다

교통사고를 당해 팔이 부러져. 아무래도 한 손으로 청소하기는 어렵기에 마침내 저금을 헐면서 생활하기 시작했다.

겨우 1년 동안 인생에 그토록 큰 눈사태가 일어났음에도 불구하고 친구는 우울증에 걸리지 않았고 정신 상태도 대단히 건강해서 관공서에 동정을 호소해 기초생활보장을 수급하는 등의 꼼수를 쓰지도 않았다. 즉, 어디까지나 자신의 힘으로 살아가야 하는 인간인 것이다. 그리고 그가 그런 인간이기 때문에 내가 함께 술을 마신다면 이 여자라고 마음속에 정해둔 것이다.

그런고로 어젯밤에도(정확히는 오늘 아침까지) 나와 친구 둘이서 아스다에서 구입한 2파운드 56펜스짜리 싸구려 레드와인과 집에서 몰래 갖고 나온 남편의 위스키와 진을 마시고, 수다 떨고, 불평하고, 노래하고, 춤추고, 자고, 일어나고, 다시 마시고, 수다 떨고, 불평하고… 하는 과정을 그저 반복했는데, 세 차례 정도 반복했을 때 있었던 일이다.

"아아아, 내 인생의 밤은 언젠가 동이 트기는 할까?"

친구가 말했다.

"그런데 말이야. 어떻게 그렇게 어두컴컴한 인생

을 살면서 우울증도 안 걸리고 건강하게 지낼 수 있어?"

차가워진 몸에 코트를 둘둘 말면서 내가 묻자 친구가 답했다.

"내 큰 오빠가 자주 했던 얘기가 있는데. 예수가 십자가에 걸린 진짜 이유 알아?"

"진짜 이유?"

"응, 알아?"

"몰라. 지금 취했고 머리도 안 돌아가."

"아무것도 기대하지 마. 그렇게 말하기 위해서였대."

"어?"

"이 세상 따위 부조리하고 앞뒤가 안 맞는 일만 가득하니까 아무것도 기대하지 마라. 나를 봐라. 나는 세상이 그렇기 때문에 살해당한 거다. 그렇게 말하기 위해서였대, 아무래도."

"호, 미래는 없다no future는 말이네, 그것도."

"타인이나 사회에 기대를 너무 많이 하면 이 세상은 살인자와 범죄자로 가득해지니까 애초에 이 세상은 부조리하고 쓰레기 같은 곳이라고 인간을 체념하게 만들려고 예수가 언제나 십자가에 매달려서 죽어가고 있는 거래. 이 가설에는 꽤 신빙성이 있다고 생각해."

친구는 그렇게 말하고는 진을 단숨에 들이켠 뒤 누웠다.

"그런데 그 가설이 옳다면 그건 복음good news이 아니지 않아? 그래서야 굿 뉴스good news가 아니라 배드 뉴스bad news잖아. 미래란 없다는 게 굿 뉴스라면, 안티크리스트는 지저스 크리스트라는 말이고, 그렇다면 혹시 복음이란 펑크였던 거?"

그렇게 혼탁한 정신으로 낮게 중얼거리던 나도 언제부터인지 코트를 뒤집어쓴 채 잠이 든 모양이다. 너무 추워서 눈을 떴을 때는 창밖이 하얬다.

"잠깐, 저거 뭐야?"

일어나자마자 친구의 목소리가 들렸다.

"뭐?"

"밖에 좀 나가보자. 저거, 분명히 볼만한 가치가 있을 테니까."

친구는 구물거리며 벌벌 떠는 내 손을 잡아끌고 현관문을 열었다.

"무지개."

친구가 그렇게 말하며 가리키는 방향을 쳐다보니

정말로 무지개가 걸려 있었다.

재빛 하늘에 한심할 만큼 흐릿한 무지개가 멍하니 반쯤 사라진 상태로 걸려 있었다.

"영국 하늘에 무지개라니."

"안 어울리네."

"전혀 안 어울려. 기묘한 장면이네. 흐린 하늘에 무지개라니. 우리가 취해서 환각을 보는 거 아냐?"

"아냐, 저건 진짜 무지개 같은데."

"사라질 거 같은데, 당장이라도."

오버 더 레인보우.

우울한 하늘에 걸린 무지개 너머에는 역시나 음침한 하늘이 펼쳐질 뿐이니까, 아무것도 기대하지 마.

그 예수조차 세상이란 그런 곳이라고 했다는데.

오버 더 레인보우.

그래도 왠지 기도를 드리고 싶은, 그런 나약한 기분이 들었다.

필사적으로 힘내고 있는 듯한 보잘것없는 무지개를 향해.

(2004. 11. 19)

위인의 묘

배우자의 아버지에게 성묘를 다녀왔다.

배우자가 18세일 때 아버지가 돌아가셨으니 벌써 30년도 넘게 지난 일이다. 그때부터 배우자의 아버지는 런던 이스트엔드의 묘지에서 잠자고 있다.

내가 배우자의 아버지에게 성묘를 간 것은 이번이 처음이었다.

왜 진작에 안 갔느냐고 묻는다면, 배우자부터 10년 넘게 가지 않았기에 어쩔 수 없었다.

"왜 10년 넘게 성묘를 안 간 거야?"라고 물어보니 배우자는 "그게, 내 어머니 같은 경우는 벌써 25년 넘게 성묘를 안 갔다고. 내 형제자매도 나 말고는 아버지한테 성묘를 가는 녀석이 아무도 없는걸."이라고 했다. 그래서 "그럼 모두 아버지를 싫어한 거야?"라고 물어보니 "응, 구두쇠였으니까."라고 배우자가 답했다.

배우자의 아버지와 어머니는 아일랜드의 더블린에서 결혼했다. 배우자의 아버지는 이른바 알코올 의존자로 취하면 집 안에서 폭력을 휘두르는 사람이었다고 한다. 일도 오래 하지 못하고, 어쩌다 일해서 돈을 벌어도 집에 가져오지 않고 전부 펍에서 마시는 데 쓰는 사람이라 진짜로 처자식이 길거리에 나앉기 직전까지 몰렸었다고 한다. 마치 『안젤라의 재』[21]에 나오는 아버지 같아서 클리셰처럼 들릴지도 모르겠지만, 실제로 아일랜드에는 그런 남자들이 여기저기에 널려 있었다.

그런데 프랭크 매코트의 아버지와 배우자의 아버지가 결정적으로 달랐던 점이 있으니, 그는 기사회생하여 대변신을 이루었다는 점이다. 배우자의 아버지는 가족을 데리고 경기가 좋은 런던으로 이주하여 술을 완전히 끊고 취직했다. 당연하지만 취직했다고 해도 갑자기 사무실에서 일하는 화이트칼라가 되었던 것은 아니다. 배우자의 아버지는 런던 지하철의 야간 노선

---

21 프랭크 매코트 지음, 김루시아 옮김, 문학동네 2010, 절판. 아일랜드 이주민 가정에서 나고 자란 프랭크 매코트가 자신의 유년기를 풀어낸 회고록이다. 작가가 66세에 발표한 첫 책으로 당시 수많은 상을 수상하며 베스트셀러가 되었다.

정비원이 되었다. 약해진 선로를 보강하거나 감전되어 죽은 쥐와 선로에 뛰어들어 자살한 사람의 시체를 뒤처리하는 등의 일을 막차가 지난 뒤부터 첫차가 출발할 때까지 하는 작업원이 되었던 것이다.

배우자는 런던에서 태어났기 때문에 더블린 시절의 아버지는 모른다. 매일 아침 일을 마치고 집에 돌아와 홍차를 한 잔 마시고 침실로 들어가는 아버지밖에 기억나지 않는다고 했다.

런던으로 이주하고 술을 한 방울도 입에 대지 않았다는 시아버지의 취미이자 삶의 보람은 저축이었던 것 같다.

그래서 1년 내내 똑같은 옷을 입어 볼품없고 냄새가 났다고 하는데, 결근하는 작업원이 늘어나는 겨울이 되면 휴일을 반납하고 일해서 추가 수당을 벌었다. '사치'를 극단적으로 싫어해서 딸들이 한창 꾸미고 싶은 나이가 되어도 쓸모없는 용돈은 주지 않았다. 딸들을 위해 배우자의 어머니는 부자들이 버린 낡은 카디건과 식탁보를 주워서 드레스를 만들어주었다고 한다.

배우자가 아직도 선명하게 기억하는 것은 '망가진 토스터 사건'이 일어났던 때라고 한다. 토스터가 고장 나서 손으로 손잡이를 누르지 않으면 빵이 토스터에서 튀어나오는 상태가 되었기에 배우자가 가족을 대표해서 아버지와 담판을 지었다고 한다. 하지만 "새로운 토스터 사줘요."라고 주장하는 배우자에게 아버지는 말했다. "손잡이를 누르면 잘 구워진다며. 전혀 고장 난 게 아니잖아. 누르고 써."

그 일로 가족들은 크게 분노하여 이튿날 아침, 일에서 돌아온 아버지가 부엌에 나타났지만 아무도 "굿 모닝."이라고 인사하지 않았고, 그는 스스로 홍차를 내려 마시고 침실로 들어갔다고 한다. 그날 저녁, 일어날 시간이 되었는데도 아무 기척이 없기에 배우자의 어머니가 침실로 가보니 아버지는 침대에서 죽어 있었다. 심장 발작. 오늘날에는 과로사라고 부르는 죽음이었을 것 같다.

아버지가 돌아가신 후, 그의 은행 계좌에 남은 금액을 확인한 가족들은 모두 경악했다고 한다.

그 돈이 있었던 덕분에 배우자의 어머니는 아일랜드로 이주했고, 지금까지 아무런 불편 없이 생활할 수 있었다.

내 배우자는 "이봐, 어디 사는 누구인지도 모르는 불특정다수가 보는 웹사이트에 우리의 사생활을 시시콜콜 쓰지 마. 기분 나빠."라고 지극히 마땅한 말을 하는 사람인데, 그래도 나는 어떻게든 배우자의 아버지에 관해 쓰지 않을 수 없었다.

왜냐하면, 그 같은 남자에 관해서는 아무도 쓰지 않기 때문이다. 그리고 나는 이런 사람이야말로 그 어떤 작가보다도, 예술가보다도, 록 스타보다도 눈부시고 격렬한 삶을 살았다고 생각하기 때문이다.

내가 그렇게 생각하는 이유 중 하나는 술고래인 사람으로서 술을 끊는다는 것이 얼마나 힘든지 알기 때문일 것이다. 그리고 내가 배우자의 아버지에게 약한 또 다른 이유는 아마도 내가 아저씨에게 약하기 때문일 것이다. 혹시 몰라 말해두지만, 약하다고 해서 육체적으로 그렇다는 말이 아니다. 그보다도 훨씬 성가신 영혼적인 부분에서 나는 아저씨에게 약하다. 특히 쓸쓸한 아저씨한테.

북한이 일본인을 납치한 사건이 영국에 보도되기 시작했을 때도, 젊은 학생이 납치되었다고 커플이 납치되었다고 보도되면 당연히 무척 비참한 사건이지만 그래도 나는 태연하게 기사를 읽었다. 하지만 "경비원으로 일하며 혼자 살던 중년 남성이 행방불명되었는데, 친척이 없어 아무도 눈치채지 못했지만 북한에 납치된 것으로 추정된다."라는 뉴스를 읽었을 때는 진짜로 컴퓨터 모니터 앞에서 눈물을 주룩주룩 흘리며 무너지고 말았다.

옆자리에 있던 영국인 동료가 "어디 안 좋아?"라며 놀라기에 "아냐, 아저씨에 관한 일이야."라고 설명하자 마침내 미쳤나 하는 눈빛으로 나를 보았는데, 진심으로 외로운 아저씨만은 데려가지 않기를 바랐다. 그 일은 지금 다시 떠올려도 눈물이 난다. 그래서 되도록 생각하지 않으려고 한다.

내가 그런 사람이라서 배우자의 아버지 같은 인물에게는 한 방에 쓰러지고 만다. 그래서 널브러진 감자칩 봉지와 빈 펩시 캔에 둘러싸인 그의 묘가 무성한 잡초에 뒤덮이고 묘비가 비스듬히 기울어진 상태로 방치되어 있는 것을 봤을 때는 심장이 몽땅 도려내지는 듯해서 나도 모르게 그 자리에서 쓰러질 뻔했다.

내년에는 꼭 전문가를 불러서 묘비를 제대로 세워줄게. 올해 크리스마스는 그걸로 참아줘. 우리, 열심히 벌게.

드물게도 내가 이런 갸륵한 기도를 올리게 만드는 배우자의 아버지는, 위인이다.

(2004. 12. 21)

후일담

이 묘지 문제로 2년 전에 좀 시끄러운 일이 있었

다. 2년 전, 배우자의 어머니와 형이 거의 동시에 돌아가셨고, 두 사람은 아일랜드의 묘지에 묻혔다. 그런데 그렇게 되니 어째서 아버지만 혼자 런던에 있어야 하느냐는 문제가 대두되었고, 배우자는 진심으로 무덤을 파고 관을 아일랜드로 보내서 아버지를 어머니와 형 곁에 매장하려 했다(그처럼 이장하는 집안도 꽤 있다고 하고).

그렇지만 막대한 비용이 든다는 것을 알게 되었고, 배우자의 누나까지 "어머니는 아버지를 정말 싫어했으니까 같이 두지 않는 게 좋다."라며 협력을 거부했다. 결국 지금도 배우자의 아버지는 혼자 런던에 잠들어 있다. 위인이 잠든 묘는커녕 유기된 묘다.

정상적으로 하자

내 배우자의 옛 친구는 크게 두 부류로 나눌 수
있다.

일단, 런던의 서민 동네에서 나고 자라 지금도 그
주변에서 살고 있는 헐렁이들. 이 부류는 그다지 야심
이 없어서 밥 먹고 술 마시면서 그럭저럭 살 수 있으면
된 거 아니냐는 태도로 인생을 보내고 있으며, 배우자
도 나도 브라이턴에서 산다는 점만 빼면 이 부류에 속
한다.

그리고 또 다른 부류는 런던의 서민 동네에서 나
고 자라 야심만만하게 스스로 사업을 꾸리고 탈세 등
의 지혜를 써서 쌓은 부로 에식스 같은 곳의 호화로운
저택에서 사는 졸부들이다. 그들은 부동산 개발업에
손을 댄 경우가 많아서 한때 존 라이든이 부동산 투기
를 한다는 소문이 돌았을 때도 나는 '호오, 역시 런던
사람답네.'라고 생각했을 뿐 딱히 놀라지는 않았다.

나는 헐렁이들과는 마음이 잘 맞는 편인데, 졸부들과 그 배우자 또는 파트너는 대하기 껄끄럽다. 그들이 졸부 주제에 타고난 중산층처럼 행동하고 말끝마다 '영국인이 세계 최고'라는 생각을 풍겨서 어떻게 해도 내 체질과는 맞지 않기 때문인데, 그런 점은 내 배우자도 마찬가지라서 10대 시절 함께 말썽을 부렸던 친구들이 갑자기 중산층 억양을 습득하거나 뿌리를 거슬러 올라가면 아일랜드인이면서 "나는 잉글랜드인이야."라고 우기는 태도 등이 열받는지, 최근 몇 년 동안은 졸부들과 완전히 소원해졌다.

　그렇지만 점점 멀어지던 친구들과 다시 교류하게 될 때가 있으니 바로 크리스마스카드를 주고받는 시기다. 연말에 한 옛 친구가 보낸 크리스마스카드로 그의 집에 아이가 태어났다는 소식을 알게 된 배우자는 축하해주기 위해 전화를 걸었다. 이렇게 한 부류 내의 누군가와 연락하면 자연스레 다른 졸부 친구에 관한 정보도 흘러 들어온다.

　전화를 끊고 배우자가 말했다.

　"N 녀석, 이혼했나 봐."

　"뭐? 벌써?"

　"응, 갈라섰다네."

　N이라는 남자 역시 부동산 개발업을 해서 큰돈

을 번 억만장자인데, 돈의 힘으로 수많은 여자와 사귀고, 결혼하고, 이혼해왔으며, 이제는 하얗거나 검은 것에 질렸는지 "황인 여자를 소개해줘."라고 내게 집요하게 조른 인물이다. 한번은 졸부들과 저녁 식사를 함께하는 자리에서 N이 내게 말했다.

"일본 여자를 소개해주지 않겠어? 돈이라면 얼마든지 있다고."

그래서 나는 답했다.

"일본 여자는 돈으로 못 사. 애초에 내 조국은 당신네 나라보다 훨씬 부자고 생활수준이 높아." (너 머리가 비었냐, 하는 말은 참았다. 어른이니까.)

내 답에 식사 자리의 분위기가 바로 어색해졌는데, 그런 건 내 알 바 아니다. 진실은 지나칠 만큼 명료하게 전하지 않으면 멍청이들이 알아듣지 못한다는 것을 나는 몸으로 겪어서 알고 있다.

그렇지만 여전히 황인 여자를 포기하지 못한 N은 결국 타이로 갔다. 그리고 현지의 여성을 데리고 돌아왔다. 차분하고 착해 보이는 20대 중반의 미녀였다고 한다. 자기가 다루기 쉬울 듯한 사람을 골라서 온 것이겠지. 이런 행위는 의외로 영국에서 전혀 특이한 일이 아니다. 독신인 중년 남성이나 할아버지가 타이에 휴가를 가서 젊은 가정부 겸 부인을 데리고 돌아오는

것이다. 그 여성의 가족을 비롯한 관계자들에게 돈을
쥐여주고 여성을 받은 남자들은 혼인 신고를 하여 여
자가 영국에서 살 수 있게 한다. 풍요로운 나라의 남
성은 젊고 이국적인 여성을 손에 넣을 수 있고, 가난한
나라의 여성은 풍요로운 나라에서 살 수 있게 된다.
이른바 '기브 앤드 테이크give and take의 남녀 관계'라고
하는 것이다.

　　"그런데 N은 왜 이혼했대?"
　　"그게, 그 타이인 색시가 말이야."
　　"응."
　　"품행이 불량해서."
　　"뭐?"
　　"그게, 모르는 사이에 여기저기서 남자를 만나
마구 잤다나 봐."
　　"아하하하, 그렇구나."
　　"그러다가 젊은 남자가 더 좋으니까 헤어지자고
말했다네."
　　"아하하하, 좋은데."
　　"뭐가?"
　　"정상적이잖아, 뭔가. 아하하하하하."
　　"?"

빈국의 여자와 부국의 남자가 '기브 앤드 테이크'의 관계를 맺다니, 그처럼 딱 떨어지는 구도가 현실에서 그대로 이뤄질 리 없지 않은가. 그런 관계는 자신이 높은 위치에 있다고 착각하는 외부인이 멋대로 상상할 뿐인 오만하고 로맨틱한 방귀 같은 것이다.

테이크 앤드 테이크도 있고, 기브 앤드 기브도 있고, 속고 속이는 것도 있고, 갈기갈기 찢고 갈기갈기 찢기는 것도 있는, 도덕 없는 진흙탕. 그런 것이 남녀(혹은 남남, 여여) 관계 아니겠냐.

진흙탕만이 건전하고 지당한 것이다, 언제나.

정상적으로 하자고, 정상적으로.

후일담

내 기억에 배우자의 졸부 친구들과는 최근 5, 6년은 만나지 않았다. 크리스마스카드를 주고받을 뿐인 관계가 된 지 오래인데, 카드의 마지막 문구가 "많은 사랑을 담아with lots of love"에서 "사랑을 담아with love"로 바뀌고, 머지않아 "행복을 빌며best wishes"가 되어서 "오오, 드디어 사랑은 없어졌나."라고 말하면 대체로 그다음 해부터 아예 카드가 오지 않게 된다.

더럽고 가난하고 보기 흉하고

집을 나서서 여느 때와 같은 길로 여느 때처럼 걸어서 우체국에 갔다. 비탈길을 내려가면 여느 때처럼 학교와 마주치는데, 오후 3시가 지나면 자가용 자동차가 도로를 꽉 채워서 걸어다니는 사람조차 곤란할 만큼 교통 정체가 일어난다. 자녀 여러분이 하교할 시간이기 때문이다.

내가 태어난 나라의, 내가 자라난 시절의 통념에 따르면, 자가용 자동차로 등하교를 하는 자녀 여러분은 전부 온실 속 화초처럼 자란 아가씨 도련님으로, 가난한 꼬맹이들이 논두렁길에서 뱀을 집어던지거나 개구리 내장을 얼굴에 휘감아버리거나 아니면 분뇨 구덩이에 밀어서 떨어뜨리는 등의 일을 하면 자신을 지키지 못하고 분뇨 구덩이에 빠져 익사할 것이기 때문에 자동차로 모실 필요가 있겠다고 어린 마음으로도 납득할 만큼 허약한 녀석들밖에 없었다.

그렇지만 이 나라에서 자동차로 등하교를 하는 아가씨 도련님 중에는 나 같은 외국인이 앞을 지나치면 조수석에서 가운뎃손가락을 들어올려 굳이 친애하는 마음을 드러내는 망할 꼬맹이들이 많다. 몇 년 전이었다면 내게도 같은 모양으로 손가락을 구부려 아가씨 도련님의 도발을 받아치는 혈기 왕성한 면이 있었겠지만, 더 이상 그런 짓은 하지 않는다. 나는 어른이니까.

학교 앞을 지나쳐 포장 전문 중국집의 2층 베란다에서 몰래 반딧불 같은 담뱃불을 밝히는 중국인 주인에게 손을 흔들며 모퉁이를 돌아가니 이번에는 개똥이 여기저기에 뚝뚝뚝 떨어져 있었고 그중 하나는 누가 밟았는지 지름 10센티미터 정도 크기로 눌려 있었다. 어째서 이 나라의 보도에는 이처럼 빠짐없이 개똥이 널려 있을까. 오래전, 영어학교의 수업 시간에 "영국에 살면서 가장 당황스러운 건 길 위의 개똥"이라고 했던 홍콩 여자의 말이 옳았다. 깜박하고 안심한 채 길을 걸어선 안 된다.

그런 상황이라 하는 수 없이 S 자로 걸으며 개똥을 피해 미용실 앞까지 갔는데, 갑자기 안에서 베이지색 저지를 입고 베레모를 쓴 할아버지가 튀어나왔다. 그리고 다들 종종 경험해서 알지 않나, 서로 지나칠 때 내가 오른쪽으로 피하면 상대방도 같은 방향으로 걸음을 딛고, 내가 왼쪽으로 가려 하면 상대방도 따라오는 그 현상. 그 현상이 발생해서 무심결에 기분이 유쾌해진 내가 "아하하하."라고 밝게 웃자 할아버지가 "안 웃겨 It's not funny."라고 내뱉으며 살기등등한 눈으로 나를 노려보고 떠나갔다.

당신 같은 세대는 유머가 넘치던 오래전 호시절의 영국 신사 아닌가요? 이렇게 당황스러운 일이 거듭되는데, 유머니 신사니 하는 이야기는 틀림없이 중산층 이상의 사람들에게나 해당하고 빈민가에 거주하는 사람들의 마음이란 언제나 살벌하고 삭막할 것이다. 우울증 환자 아니면 범죄자니까, 기본적으로. 겨울철의 이 사람들은.

그런 생각을 하면서 간신히 우체국에 도착하니 창구에 붙어 있는 연분홍색 메모지에 "금방 돌아옴. 2분 기다려."라고 거만하게 쓰여 있었다. 우체국이라 해도 내가 살고 있는 시골에는 담배 가게 구석에 우체국이 자리하는 식으로 어중간한 인프라밖에 존재하지 않아서 결국은 우체국이 담배 가게에, 담배 가게가 우체국이다. 담배 가게를 보고 있는 청년에게 물어봐도 "담당자가 돌아올 때까지 기다려." 하고는 멍하니 『블론드 뷰티 3P』라는 사진잡지를 탐독할 뿐이었다.

사정이 있으면 할 수 없지 생각하며 2분 기다리기로 했는데, 2분이 10분이 되고 20분이 되어서야 우체국을 담당하는 아저씨가 돌아왔다. 그때는 이미 내 앞뒤로 5미터 정도 사람들이 줄을 서 있었다. "우리 집 냉장고가 이상해서."라고 아저씨는 변명했지만, 이 우체국은 점심시간을 제외하면 아침부터 저녁까지 열려 있어야 하는 곳이라 어떻게 그가 오후 4시에 집의 냉장고가 이상하다는 사실을 알 수 있는가 하는 도저히 이해할 수 없는 의문이 남는다. 간단히 말하면 또 땡땡이친 것이다. 이 아저씨는 툭하면 메모지를 붙이고 사라진다. "30분이나 기다렸잖아, 이 멍청아."라고 앞에서 야만스러워 보이는 스킨헤드 아저씨가 고함쳐도 우체국 아저씨는 전혀 개의치 않고 경쾌하게 업무를 보았다.

좀 기다리자 내 차례가 되어서 담담하게 볼일을 마친 다음 밖으로 나왔다가 앗, 하고 깜짝 놀랐다.

오후 4시인데, 아직 밝았다.

어느 새 해가 길어졌던 것이다.

밝다고 했지만 이 나라답게 태양이 빛난다든지 하는 것은 아니고 아직 밤이라고는 할 수 없는 정도의 밝기가 존재할 뿐이었지만, 이런 날 이대로 집에 돌아가기는 아깝다는 생각이 들어서 언덕길을 올라 공원에 가보기로 했다. 약간의 알코올이 핏속을 흐르고 있었기 때문에 두근거림, 현기증, 편두통 같은 고난을 겪었지만, 그래도 심장을 터뜨릴 듯한 언덕길을 비틀비틀 올라간 끝에 휑뎅그렁한 공원에 도착해 하계를 내려다보니 뿌연 안개 너머로 내가 사는 동네의 전모가 떠올랐다.

바로 앞의 비교적 뚜렷이 보이는 저지대부터 희뿌연 안개가 피어오르는 언덕의 중턱, 정상에 이르기까지 주택들이 빽빽하게 들어서 있었다. 붉은 벽돌 벽, 콘크리트 벽, 페인트를 칠한 벽, 색채는 다양해도 구 공영주택이기 때문에 형태는 전부 같았다. 조금도 모양이 다르지 않은 가난한 집이 마치 연립주택처럼 전후좌우로 끝없이 이어질 뿐.

위쪽 절반이 짙은 자주색으로 변색해버린 콘크리트 벽, 지난달의 강풍으로 일부가 날아갔는지 속살이 드러난 지붕, 하얀 벽에 찰싹 달라붙어 있는 담쟁이덩굴인지 이끼인지 곰팡이인지 불분명한 푸른색 물체. 그 외 등등, 전부 보기에도 의욕이 느껴지지 않았다. 아무리 봐도 느슨하고, 패기가 없고, 한산한 풍경.

더럽고 가난하고 보기 흉한, 그런 곳.

깨끗하고 가난하고 아름다운, 그런 웃기지도 않는 곳이 현실에 존재할 수 있을까.

청빈淸貧. 이런 것은 취미의 영역이다. 빈곤이란 가난하다는 이유로 패배하는 것이며, 추악한 것이다. 스스로 패배를 선택한 것이나 마찬가지인 취미로 가난한 녀석들이 과연 알겠는가. 이기고 싶어도 패배하고, 필사적으로 이기려 노력해도 결국 패배하고, 패배하고 싶지 않은데도 계속 패배하는 인간의 마음을. 한 번도 패배한 적 없는 녀석이나 패배에서 배운다느니 하는 말을 입에 담고 싶어하는 법이다. 그렇게 좋으면 네놈도 여기로 내려오라는 말이다.

현해탄의 거친 파도처럼 성질이 사나워져서 얼른 집에 돌아가 오늘은 저녁 술이라도 걸쳐야겠다고 생각했다.

어차피 패배한다면 왕도대로 지겠다. 이런 생각을 해봐도 마음에는 폭력성이 번지기만 하니까.

언젠가 이곳에서 떠나게 될 날이 올까.

그렇게 마치 이 빈민가에서 태어나 죽어가는 사람들이 할 법한 말을 입에 담는 자신에게 몸서리치는 일이 최근 자주 있다.

(2005. 2. 5)

후일담

　이 에세이의 핵심은 "중국집의 2층 베란다에서 몰래 반딧불 같은 담뱃불을 밝히는 중국인 주인"이다. 그가 다른 곳으로 떠나가는 바람에 우리 동네의 중국 음식은 극도로 맛없어졌다. 새로운 주인(벌써 4년 전에 바뀌어 더 이상 새롭지는 않지만)은 애초에 중국인도 아니라서 중국집 간판을 내걸고 있음에도 필리핀 요리의 향신료를 비롯해 이것저것 쓰는 바람에 중국 요리의 정통성을 잃어버렸는데, 뭐, 무국적 요리라고 생각하며 먹으면 괜찮을 수도 있지만, 가끔 중국 요리가 엄청 당길 때는 저 멀리까지 사러 가야 하게 되었다.

기독교도 야쿠자와 나

　내 배우자는 덤프트럭 운전사였다. 하지만 현재
는 창고의 사무실에서 덤프트럭 운전사들을 관리하는
일을 하고 있다. 배우자의 직장 동료들 중에는 어째서
인지 행실이 그리 바람직하지 않은 분들이 많다. 그래
서 배우자의 직장 동료들이 파트너도 동반하여 술을
마시는 모임을 가질 때면 아무래도 야마토 나데시코
인 나로서는 좀 긴장이 된다.

　왜냐하면 그들 중에는 과거에 이런저런 사정이 있
었던 분들도 적지 않기 때문이다. 별로 안 무서워 보
이는 사람을 골라서 영화 이야기를 해보았더니 "「레
이어 케이크Layer Cake」(마약 브로커들의 암투를 그린
범죄스릴러 영화)는 꼬맹이들이 하는 컴퓨터 게임 같
은 영화야. 실제로 네덜란드의 마약 비즈니스는 그렇
게 만만하지 않다고. 밑조사가 부족했어."라길래 "대
체 어떤 사람이야?"라고 나중에 배우자에게 물어보니

"교도소에서 출소한 사람." 같은 답이 돌아오는 일이 드물지 않다.

게다가 운전사들의 부인 역시 닳고 닳은 느낌이랄까 풋내기가 아니라는 인상의 여자가 많고, 그중에는 데비 해리Debbie Harry(미국의 싱어송라이터, 록 밴드 블론디Blondie의 보컬)처럼 눈빛이 사나운 아줌마도 있어서 분별없이 말했다가는 하이힐로 걷어차이지 않을까 싶어 가슴을 졸인다. 하지만 현실에서는 딱히 그런 일이 일어나지 않고, 다들 싹싹하고 친해지기 쉬운 사람들이다. 주량은 예사롭지 않게 많지만.

그런 사람들 중에서도 가장 무서운 풍모를 지닌 분이 배우자와 함께 사무실에서 일하는 S다. 키가 2미터에 가깝고 스킨헤드에 코뼈는 휘었으며 눈동자는 잿빛에 삼백안이다. 얼핏 보면 범죄자나 갱으로 보일 뿐이다. 막무가내로 타인을 위협하거나 난동을 부리는 경우도 많은 운전사들을 관리하는 역할은 역시 이 정도로 인상적인 사람이 아니면 맡을 수 없겠지 하는 생각이 들면 겉보기에는 귀여운 용모의 내 배우자가 가여워 눈시울이 뜨거워진다.

암튼 내 배우자에 관한 건 아무래도 상관없지만, 얼마 전 한 젊은 운전사의 결혼을 축하해주기 위해 모 펍에서 배우자의 직장 모임이 열렸을 때 나는 처음으로 그 무서워 보이는 S와 대화다운 대화를 했다.

취한 탓에 어떤 경위로 그런 상황이 되었는지는
기억나지 않는데, 어느새 나와 S는 카운터에 기댄 채
왠지 예수 그리스도로 이야기꽃을 피우고 있었다. S는
어느 프로테스탄트계 기독교 종파의 독실한 신자였던
적이 있어서 매주 일요일 예배에서 단상에 올라가 성
서를 낭독하는 등 교회에서 맹활약을 했다고 한다.

꼭 기독교도 야쿠자 같네. 그렇게 생긴 남자가 제
단 옆에 서서 성서를 낭독하는 모습은 퍽 박력 있었을
것이다. 그 장면을 머릿속으로 그리는데 S가 말했다.

"그런데 내 아내가 바람을 피우면서 전부 변했어.
교회처럼 작은 공동체에서 그런 소문은 확 퍼지니까.
그렇게 우리 집안이 어수선해지니까 순식간에 성서 낭
독은 물론이고 교회 일 전부에서 날 빼더라."

"응."

"목사도 신자도 이유를 분명히 알려주지는 않았
어. 그저 갑자기 데면데면하게 굴더니 어느새 나는 구
석에 처박히는 신세가 된 거야."

"응."

"알아? 어수선한 집안은 신앙에 어긋나기 때문
이야."

"잘 알아."

"내게 가장 하나님이 필요했을 때, 그놈들은 문을 닫아버렸어. 쓰레기 같은 새끼들이라고 생각했어. 이혼하니까 나는 파문된 거나 마찬가지더라. 죄인이라고 불리고. 그때, 다시는 절대로 저놈들과 엮이지 않겠다고 결심했어."

"응."

"하지만 예수만은 달라."

"……"

"예수만은 지금도 신경 쓰여. 나는 더 이상 부활이니 천국이니 하는 건 믿지 않아. 분명히 말해서 그런 건 아무래도 상관없어."

"아하하, 우리는 지옥행이 보증된 처지니까."

"다만, 아무래도 신경 쓰이는 게, 그 녀석은 언제나 죽어가고 있잖아. 심지어 당치도 않게 하나님을 원망하고. 당신은 어찌하여 나를 버리셨습니까, 하고."

"응."

"납득하지 못한 채 하나님과 세상을 원망하고, 절망하고, 죽음을 두려워하고, 고통으로 몸부림치면서도 죽으러 가잖아. 그렇게 전혀 깨달음을 얻지 못한 남자가 어떻게 신으로 있을 수 있을까?"

"응."

"하지만 나는 이제 그런 남자밖에 믿지 않아."

그렇게 말한 S는 불쑥 펍 안쪽의 춤추는 곳으로 돌진하더니 엘비스 프레슬리의 「서스피셔스 마인즈 Suspicious Minds」에 맞춰 격렬하게 허리를 흔들기 시작했다. 별안간 뛰어들어 미친 듯이 춤추는 험상궂은 거한에 사람들은 줄줄이 자리를 비켜주면서도 웃었다.

불가사의하다. 어째서 이런 사람과 만나버리는 것일까. 동서양을 뛰어넘어 비슷한 일을 경험한 인간들이 굳이 만나서 대화를 나눈다는, 이런 일의 필연성은 무엇에서 비롯될까. 하지만 곰곰이 생각해보면 전세계에 우리와 비슷한 경험을 한 사람은 여기저기 널려 있을 테니 결국 매우 보편적인 경험이라고 하는, 그저 그런 얘기일 것이다.

내 철학은 어디까지나 '노 퓨처no future, 미래는 없다'다. 나 같은 인간의 인생에 그렇게 좋은 일이 일어날 리가 없다. 이렇게 말하면 "미래에 희망을 품지 않으면 살아가는 의미도 없잖아." 같은 말을 듣곤 한다.

그렇지만 살아가는 의미가 없어도 살아 있으니까 인간이란 대단한 것 아닐까. 마지막에는 각자가 자업자득의 십자가를 등에 지고 무참히 죽을 뿐인 인생. 그 결말을 알면서도, 그날이 하루하루 다가오는 것을 알면서도, 그럼에도 술을 마시거나 엘비스에 맞춰 허리를 흔들며 살아가기에 인간의 삶에는 의미가 있다.

그런 의미라면 나도 아직 믿을 수 있을 것 같다.

S는 올해 6월에 재혼한다고 한다. 행복해지면 좋겠다, 같은 인사치레에 불과한 인사말을 그에게 건넬 수는 없지만, 95퍼센트는 우울한 일과 짜증스러운 일밖에 없는 인생에서 남은 5퍼센트를 S와 함께 즐길 수 있는 사람이 재혼 상대이길 바라고 있다.

진심으로, 그렇게 바란다.

(2005. 2. 14)

후일담

배우자는 사무직이 안 맞는다고 말하며(종종 서류를 집에 가져와서 내게 정리를 시키는 바람에 "장난하냐!"라고 거하게 화를 내기도 했고) 운전사로 복귀했고, S는 북부로 이사했기에 그 뒤로 연락이 끊겼다.

영국 전체의 긴축 재정 경향은 노동자의 실질 임금 감소로 이어져서 전처럼 직장 동료들끼리 모여서 떠들썩하게 파티를 여는 일도 없어졌다. 진심으로 아쉽게 생각한다.

'러브'와 '팬시' 사이

브라질인 친구 집에서 열린 정기 음주회에 참석했다. '회'라고 해도 두 사람이 전부라 "단체적인 공동 목적을 위하여 여러 사람이 모이는 일. 또는 그런 모임."이라는 사전적 의미는 별로 없고, 둘 중 한 명이 앉아서 술을 마실 때 다른 사람은 일어나서 미친 듯이 삼바를 추거나, 대천사 라파엘의 조각상을 마이크 대신 움켜쥐고 미친 듯이 노래하거나, 소파에 쓰러져서 죽은 듯이 잠자기 때문에 사실 마주 앉아 술을 마시는 시간은 거의 없지만, 나는 그런 술자리를 가장 좋아한다. 혼자서 술을 마시는 시간의 연장선에 누군가 있는 느낌이라 마음 편히 마실 수 있다. 나와 비슷하게 기분 내며 나와 비슷한 양의 술을 마시는 친구가 있어서 나는 운이 좋다고 생각한다.

이 친구는 최근 2년 동안 폭우처럼 쏟아지는 불행을 춤으로 날려버리며 살아온 여성이다. 그래도 질질 끌며 썩어가던 혼인 관계를 드디어 얼마 전에 깨끗이 청산했기에 그날은 몸의 중심에 코일 모양 스프링이라도 들어가 있는 듯한 넘치는 탄력으로 허리를 부들부들 진동시키며 춤을 췄다. 그처럼 흥겨워하는 친구를 보는 것은 기쁜 일이라 나도 소파의 팔걸이에 걸터앉아 중국집에서 음식을 포장하며 받아온 기다란 나무젓가락으로 무릎 등을 두드리며 분위기를 떠들썩하게 고조시켰는데,

"소리 좀 크게 해줘, 러브love."

라고 친구가 말하기에,

"러브라니, 왜 그래. 꼭 영국인처럼 말하네."

라고 지적하자 친구는 의아한 듯이 나를 보았다.

"어? 내가 러브라고 했어?"

"말했어. 그것도 코크니를 쓰는 아줌마 같은 억양으로 아무렇지 않게."

당연하지만, 이런 상황에서 '러브'는 동사가 아니라 명사로 쓰인다. 영화 「밀리언 달러 베이비」에도 주인공인 복서 매기가 시합 때문에 영국을 방문했을 때, 전혀 모르는 사람이 "러브"라고 불러서 "저 사람 나를 좋아하는 건가? 프러포즈하면 어쩌지?"라고 중얼거리는 장면이 있는데, 익숙하지 않은 외국인에

게는 실로 기묘한 표현이고 오랫동안 영국에서 거주한 사람도 자연스레 구사하기는 썩 힘든 말이다.

"어머, 싫어. 나는 그런 줄 몰랐어."

"아무리 깨끗한 독신자가 되었다 해도, 갑자기 고백하는 건 참아줄래? 나는 어쨌든 남자가 더 좋거든."

"아하하하, 미안."

밝게 답한 친구는 자기 손으로 얼른 CD 플레이어의 음량을 키우고 다시 허리를 진동시키는 작업에 몰입했다.

이렇게 말하는 나 역시 영국에 건너오고 얼마 지나지 않았을 무렵, 구멍가게에서 담배를 사고 돈을 내자 젊은 형씨가 "고마워, 러브Thanks, love."라고 해서 왜 상품의 대가를 지불했을 뿐인데 내가 그의 '사랑'이 되어버리는 것인가 미심쩍게 생각한 적이 있다. 물론, '러브'라는 단어에는 이성 간(혹은 동성 간)의 연애 감정뿐 아니라 예수가 설파했던 타인을 향한 사랑이라는 의미도 있긴 하다. 그리고 이 나라에서는 특히 후자의 의미로 '러브'를 쓸 때가 많다.

애초에 영국인은 친형제끼리도 제정신으로 "아이 러브 유I love you."라고 말하는데, 이 말을 곧이곧대로 번역하면 "나는 당신을 사랑합니다."라는 뜻이다.

일본인이 "나는 당신을 사랑합니다."라고 친형제에게 말하면, 그 말에서는 오래된 농가의 흙마루 같은 어두컴컴함만이 느껴질 뿐 하얀 비둘기와 들장미로 둘러싸인 성모 마리아, 하는 식으로 청렴하고 밝은 가족애라는 이미지는 떠오르지 않는다.

그와 더불어 앞서 이야기한 '러브'의 명사 사용에 관해서 말하면, 이건 뭐 처음 보는 사람이든 누구든 '사랑하는 사람'이라고 부르는 셈이니 그 점을 고려하면 '러브' 따위 실은 인사치레만큼이나 별 의미 없는 말이었다는 결론이 나와버린다. 즉, 영국에서 '러브'란 몹시 대충대충 정의되는 단어라는 말이다. 그 점이 내 마음속에 줄곧 개운하지 않게 남아 있다.

이런 것을 곰곰이 생각하는데, 비슷한 양의 술을 비슷한 속도로 마신 인간의 사고란 서로 동기화하는 것인지 허리를 신나게 흔들던 친구가 우뚝 멈추더니 소파에 앉았다.

"…러브란 진짜 묘한 말이네."

친구가 가느다란 손가락으로 유리잔을 들며 말했다.

"맞아, 맞아. 나도 그 생각을 하고 있었어."

"게다가 성가셔."

"응, 어느 쪽 러브인지 분명히 밝히라고 하고 싶

다니까. 친구인 채로는 안 돼, 한 침대에서 자고 싶어. 이런 상황에만 쓸 수 있는 러브를 나타내는 단어는 없을까?"

그렇게 말하고는 진을 잔에 따르며 생각하는데, 한 단어가 머릿속에 떠올랐다.

"아아, 맞다. '팬시fancy'가 있었네.

그래. 그렇다. 누군가에게 '팬시'라는 말을 들으면, 그 말은 바로 '성애입니다, 육체적으로 당신한테 끌립니다, 나는 당신과 돌이킬 수 없는 관계가 되고 싶습니다.' 하는 것 외에 다른 뜻일 수 없다. 담배 가게의 형씨가 처음 보는 손님한테 느닷없이 '아이 팬시 유 I fancy you, 나는 당신한테 성적으로 끌린다.'라고 할 리는 없고(지극히 적극적인 인물이라면 말할 수도 있겠지만), 친형제끼리 '아이 팬시 유.'라고 했다가는 그야말로 어두컴컴한 흙마루로 곧장 돌진하겠다는 뜻이나 마찬가지다. 알기 쉽다. 이처럼 알기 쉬운 말이야말로 진짜인 것 같다. '러브' 따위 고상한 단어는 아무래도 거짓부렁 같거든. 그런데 그때였다.

"그래도 그 '팬시'가 문제란 말이지."

친구가 깊이 한숨을 내쉬었다.

"아니, 문제가 아니라 해결책이야. 러브 같은 표현은 폐지하고 팬시만 쓰면 되잖아. 그러면 착각할 일도 없고 세상이 깔끔해질걸."

"그러게, 확실히 해결책일지도 몰라."

"절대로 그렇다니까."

내 말에 친구는 꿀꺽 진을 들이켜고 팔짱을 끼며
말했다.

"마지막으로 그 자식이 짐을 가지러 왔을 때, 눈
이 새빨개져서 '사랑해I love you.'라고 하는 거야. 너무
열받아서 '하지만 넌 그녀를 원하지But you fancy her.'라고
받아치니까 '미안해Sorry.'라고 지껄이더라. 울면서. 나
참, 울고 싶은 건 나라고. 부아가 치밀어서 뒷모습이
안 보이게 될 때까지 절대로 안 울었지만."

그렇구나. 이러쿵저러쿵하면서도 현관에서 떠나
가는 뒷모습을 배웅했구나.

그런 생각을 하니 술맛이 왠지 쓰게 느껴졌다.

나는 말없이 친구의 잔에 진을 꼴꼴 따라주었다.

그리고 내 잔에도.

밖에는 여전히 눈보라가 쳤다. 머지않아 봄이건
만, 날이면 날마다 추위가 심해질 뿐이다.

(2005. 3. 1)

어린이라는 대죄

나는 어린애가 너무 싫다. 이러는 노래가 오래전 일본에 있었던 것 같은데, 무엇을 숨기랴, 나 역시 어린애를 싫어한다. 왜냐하면, 작은 사람들이란 말 그대로 미숙한 인간이기 때문이다. 순수하다느니 순진하다느니 하는 말로 그들을 표현하는 분들도 계시지만, 어린애가 바람직하지 않은 일이나 부정한 일만 꾸미며 살아간다는 것은 어른이라고 불리는 연령의 인간이라면 스스로의 경험으로 누구나 알고 있을 사실이다.

애초에 어린애들은 인생에서 좌절을 경험한 적이 없다. 그래서 친구가 이사 간다든지, 부모한테 혼났다든지, 친구들이 노는 데 끼워주지 않는다든지 하는 어중간한 이유로 울음을 터뜨린다. 그들은 실업, 이혼, 정리해고, 사채 지옥, 약물 의존증, 알코올 의존증, 개인 파산 같은 진짜 좌절을 경험한 적이 없다. 다시 말해 내가 좀더 능력 있고 두뇌 명석하고 근면했다면 여기까지 추락하지는 않았을 것이다, 누구 탓도 아니다, 구제 불능에 무능한 것은 나 자신이다, 내 책임이다, 하는 변치 않는 진실과 직면한 적이 없는 것이다.

그래서 어린애들은 타인의 고통이라든지 타인과 자기 사이에 필요한 적정 거리라든지 하는 상식을 전혀 모른다. 가끔 그런 어른을 보기도 하는데, 그런 사람들은 어린애인 채 성장이 멈춘 것이다. 소설가 야마다 에이미山田詠美가 오래전 어떤 책에 '어린애 같다.'라는 의미의 영어가 'childish'와 'childlike'로 두 가지 있으며 그중 하나는 좋은 성질이고 나머지 하나는 몹쓸 것이라고 하는 내용을 썼던 것 같은데, 나는 두 단어 모두 몹쓸 것이라고 생각한다. '차일드child 어린이'가 붙었다는 것부터 일단 실격이다.

내가 그런 사람이기 때문일까, 이 나이가 되도록 한 번도 임신한 적이 없는 것도 '이 녀석한테 어린애를 맡겼다가는 큰일 날 거다.'라고 직감한 대자연의 조치일지 모른다. 내 배우자가 말하길 "너 같은 사람이 아이를 낳으면 뚜껑이 열려서든지 과실이든 뭐든 반드시 죽이지 싶다."라고 했으니 과연 내 배우자는 파트너를 잘 이해하고 있다.

그런데 그처럼 '모성'의 파편도 갖추고 있지 않은 내가 최근 어떤 일을 계기로 근처에 사는 아이를 맡아야 하는 처지에 놓이고 말았다. 맡기로 했지만 나는 작은 사람들과 어울려본 경험이 벌써 수십 년 넘게 없기에 어린애를 다루는 프로인 지인의 조언을 구하기로 했다. 문제 있는 가정(부모가 무직에 빈곤의 한복판에 있는 집, 부모가 약물 의존, 가정 내 폭력, 아동학대 등을 하는 집)으로부터 보호 조치된 아이들이 거주하는 시설에서 일하는 D가 말했다.

"아홉 살? 어려운 나이네. 어려운 아이이기 때문에 맡아주었으면 한다고 부탁했겠지?"

"역시 어려울까?"

"우리 시설에는 언동에 문제 있는 아이들이 많으니까. 얼마 전에도 좀처럼 잠들지 못하는 여섯 살짜리 남자애 옆에서 책을 읽어주는데 갑자기 끌어안더니 키스를 했어."

"생각하기에 따라서는 귀엽네."

"그래도 얘, 혀를 넣었다고."

"…."

"치마 같은 걸 입고 출근할 수도 없어. 열 살 정도 되면 몸집도 꽤 크거든."

그런 이야기를 들으니 아무래도 기가 죽고 말았지만, 그래도 소년 A의 어머니가 애원하기에, 기네스 한 다스를 주기에, 하는 수 없이 A가 우리 집에 놀러

221

오는 것을 수락하게 되었다. 어째서 그 어머니가 그토록 애원하고 나까지 그 바람을 들어줄 수밖에 없었느냐면, 그의 전 남편인 소년 A의 아버지가 영국인과 일본인 사이에서 태어난 사람이었기 때문이다.

A는 학교에서 괴롭힘을 당하고 있는 탓에 등교를 꺼리는 경향이 있는 데다 무취미에 무관심, 아무튼 만사에 의욕이 없다고 했다. 하지만 그래도 일본적인 것에는 흥미가 있는지 아버지 쪽 할머니(일본인)가 준 일본 명소들의 사진과 일본어 그림책 등을 보는 것은 정말 좋아하는데, 동네를 싸돌아다니는 나를 발견하고, 그리고 내가 일본인이라는 사실을 알고, 드물게도 자발적으로 흥미를 보였다고 한다.

"그래서 일본에 관한 것이라든지 이야기해주면 안 될까요? 그러면 저희 아이에게도 뭔가 동기 부여가 되지 않을까 싶어요."

A의 어머니에게 설득당한 나는 마침내 당사자와 대면하는 의식을 치렀는데, 막상 만나보니 이 아이가 어른 이상으로 어른이었다. 담담하고 잘 생각한 다음 말하는 데다 제대로 거리를 유지하며 타인과 교류하는 법을 알고 있었다. 어린애라는 느낌이 들지 않았다.

만나기 전에는 일본에 관한 이야기라니 뭘 해야

할까, 포켓몬스터니 디지몬이니 전혀 모르는데, 나는 종이학도 못 접는다고, 하면서 고민했지만, 기타노 다케시의 영화(유독 폭력적인 것은 제외하고)를 비디오로 보여주니 지루해하지 않고 푹 빠져서 보았고 영화에 관해 세심하게 질문했다. 머리가 좋은 아이였다. 학교에서는 학습장애가 의심된다고 했다지만.

"자기 아버지가 아닌 남자랑 엄마 사이에 남동생이 두 명이나 태어나서 부모가 둘 다 그쪽에만 붙어 있으니까 저렇게 어른스러운 아이가 됐겠지. 좀 슬프지만 말이야."

내 배우자는 그렇게 말했지만, 나는 크게 환영했다. 나는 인간의 고통을 아는 사람하고만 어울리고 싶으니까.

그렇게 일이 한가할 때 가끔씩 A를 불러 함께 비디오를 보거나 일본 차를 마시며 일본 과자를 함께 먹게 되었는데, 그러던 어느 날, 나는 버스정류장에서 집으로 돌아가다 A가 동네 꼬맹이들한테 괴롭힘을 당하는 장면과 마주쳤다.

오랜만에 목격한 날것 그대로의 어린이 세계란, 동물원의 원숭이 우리 같았다.

녀석들은 해도 되는 말과 안 되는 말, 해도 되는 행동과 안 되는 행동을 구별할 줄 몰랐다. 타인에게 욕을 퍼붓거나 발을 거는 일은, 단언컨대 어른에게도 재미있고 즐거운 일이다. 어른이라 불리는 인간(나이와 상관없이)이 그런 짓을 하지 않거나 한계라는 것을 분별하는 이유는 자신도 상처를 입은 경험이 있기 때문이다. 하지만 어린애(집요한 것 같지만, 나이와 상관없이)는 인생 경험이 빈곤한 멍청이들이라 그런 행동으로 느낄 수 있는 즐거움과 기쁨을 최대한 추구하려 한다. 이따금씩 "어린이다운 어린이를 키우고 싶어."라고 말하는 사람이 있는데, 그처럼 무시무시한 존재를 키우는 것은 그만두길 바란다. 인간을 일부러 원숭이로 육성해 어쩌려는 것인가.

그래서 "이눔들아, 무신 짓거리여! (갑자기 사투리를 쓴 것은 아니고, 어디까지나 영어였다.) 3대1이라니 불공평하잖아."라고 말을 걸자 "×져, 칭키Fxxk off, chinky."라며('칭키'는 중국인을 가리키는 차별적 호칭이다.) 어른을 얕보고 입을 함부로 놀리기에 "네놈들이야 말로 ×져, 애××들Fxxk off, little shxts." "눈 찢어진 게 Slitty eyes." "시끄러워, 이 얼××들potato heads." 하고 대화를 이어가는데 A가 "그만 됐어, 가요."라고 내 손에서 서류 가방을 빼앗듯이 가져가고는 뚜벅뚜벅 걷기 시작했다.

일냈다. 그렇게 생각했다.

내가 이성을 잃고 나서서 한 짓 때문에 A는 '중국인이 편들었다.'라고 학교에서 더욱 비웃음을 받고 괴롭힘을 당할 게 틀림없었다. 원숭이 놈들에게는 나야말로 '중국 원숭이chinky monkey'라서 나는 두려운 존재가 아닌 놀려먹을 대상이다. 깜박 잊었는데 이 나라에서 나는 평범한 아줌마가 아니었다. 나는 어디까지나 외국인 아줌마인 것이다.

"망할 칭키F××king chinky." "입 다물고 춘권이나 튀겨."²² 하는 욕설이 뒤에서 쏟아지는 가운데 A의 조그만 뒷모습을 바라보고 걸음을 내디디며 나는 자신의 우둔함에 어쩔 줄을 몰랐다.

"미안."

나는 뒤에서 사과했다.

"괜찮아요, 이 가방 하나도 안 무거운데."

A가 나를 돌아보며 웃었다.

쥐구멍이 있다면 숨고 싶었다. 그리고 그곳에서 생을 마쳐도 상관없다고 생각했다.

가장 어린애child인 사람은, 나였던 것이다.

(2005. 4. 6)

---

22 춘권은 각종 재료를 버무린 소를 얇은 전병에 싸서 튀긴 음식으로 영미권에서 가장 즐겨 먹는 중국요리 중 하나다.

후일담

　돌이켜보면 이 글을 쓰고 2년 뒤에 나는 보육사가 되겠다고 결심하고 자격 취득을 위해 내가 멋대로 '밑바닥 어린이집'이라고 부르는 곳에서 일하기 시작했다. 아니, 그래도 나는 어린애를 정말 싫어했다. 이 글의 서두에 썼듯이.

　이 글에 "나는 종이학도 못 접는다"라고 썼지만, 실은 전에 근무했던 민간 어린이집에서 달인이 될 정도로 종이접기를 수련하여 근처 다른 어린이집 직원들에게 가르치기까지 했다. 인간이란 바로 코앞에 어떤 미래가 기다리고 있는지도 모르는 존재다.

　이때 소년 A와 함께한 경험은 그 후 내가 경력을 쌓는 과정에 큰 영향을 미쳤다고 생각한다.

　그리고 한 가지 더, 최근 들어 영국의 EU 탈퇴 문제가 떠오르며 영국에서 유독 인종차별적인 발언이 늘어났다는 식으로 언론에서 보도하고 있는데, 분명히 말해 그런 발언이 지금 등장한 것은 아니다. 이 글을 읽었다면 알 수 있듯이 하층 사회에서는 오래전부터 존재했다. 다만 이 글을 다시 읽어보니 왠지 예전에는 차별 발언을 하는 쪽도 듣는 쪽도 시원시원하다고 할까, "칭크"니 "찢어진 눈"이니 하는 말을 들어도 "너네 엄마 뚱보." 정도의 인상밖에 안 된다고 할까,

지금처럼 진흙탕 같지는 않았다.

　사회가 갈수록 심각해지며 많은 사람들의 얼굴에 만화처럼 뚜렷하게 그림자가 드리운 듯한, 그런 갑갑한 느낌이 강해지는 것 같다. 이 에세이를 쓸 때처럼 인종차별에 유머를 섞는 건 더 이상 할 수 없다. 유머 같은 걸 섞었다가는 호되게 혼쭐이 날 듯한 분위기도 있고 말이다. 그 전설적인 코미디 그룹 '몬티 파이튼Monty Python'이 시대착오적인 황당한 코미디라고 불릴 정도이니.

　소년 A는 멀리 떨어진 도시에 사는 조부모에게 이사를 갔다. 어머니의 파트너와 마음이 맞지 않아 어머니에게 파트너에 관한 사소한 거짓말을 한 것이 원인이 되어 어머니가 소년 A를 조부모에게 보냈다. 소년의 어머니와 파트너와 동생들은 한동안 우리 동네에서 살았지만, 7년 정도 전에 이사를 갔고 그 뒤로 어떻게 지내는지는 모른다. 오랜만에 이 에세이를 읽고, 와, 소년 A가 벌써 스무 살인가, 하고 놀랐다.

　이제 부모라든지 하는 것과 상관없이 스스로 살아갈 수 있는 나이다.

　힘차게 살아간다면 다행이겠다.

근질거리는 발

잇치 피트itchy feet. 근질거리는 발.

이런 말을 왠지 자주 중얼거리고 싶은 날이 있다.

어두컴컴하고 울적하기만 한 비 오는 날. 눈앞이 흐릿하게 안개가 짙은 날. 바람이 쌩쌩 부는 폭풍의 날. 하늘이 무겁고 답답하게 내려앉는 잔뜩 흐린 날. 이렇게 써놓고 보니 마치 영국에는 맑고 따뜻한 날씨라는 것이 아예 존재하지 않는 것 같은데, 아예 없지는 않고 있기는 있다. 단, 압도적으로 적을 뿐이다.

itchy feet: 방랑하는 경향.

have itchy feet: 발이 근질근질하다, 밖에 나가고 싶어지다, 여행을 좋아한다.

이렇게 뜻풀이가 적힌 사전을 째려보면서 절실히 느낀 것은 아아, 다시 말해 이건 역마살이 있다는 의미구나, 하야시 후미코[23]도 이런 증상을 가진 채 살았던 것이 틀림없어, 하는 것이다. 그렇게 납득하면서 별수 없으니 일단 산책이라도 나가서 근질거리는 발을 진정시킬까 생각했지만, 국지적인 폭우와 함께 폭풍까지 불어대는 외적 환경에서 시원하게 산책한다는 행동을 실천할 수는 없었다.

따분해, 하아아아. 한숨을 내쉬며 계단을 내려가서 보니 거실 소파에 앉은 배우자가 멍한 표정으로 텔레비전을 보면서 누가 봐도 발이 근질거린다는 듯이 양발을 반쯤 벗고 있었다.

나와 배우자는 둘 다 발이 근질거리는 사람이다.

부부가 모두 무좀이 있다는 말은 아니다. 발가락 사이가 썩은 것도 아니다. 그와 같은 피부질환이라면 치료를 받아서 그럭저럭 편해질 수 있겠지만, 우리의 발은 육체와 상관없는 정신적인 근질거림을 유발할 뿐이라 연고를 바르거나 천화분天花粉[24]을 바르는 정도로는 치료할 수 없다.

---

23 하야시 후미코는 어린 시절부터 부모의 사정으로 이곳저곳에 수시로 이사했고 성인이 되어서도 한곳에 정착하지 않고 일본과 해외를 오갔다.
24 하눌타리 뿌리를 말리고 빻아서 만드는 가루. 한의학에서 치루 등의 치료에 사용한다.

애초에 부부가 똑같이 가장 좋아하는 장소가 '공항'이라는 점이 바람직하지 않다.

보통은 어느 한쪽이 '부엌' '거실' '툇마루' 등을 좋아하는 사람이게 마련이고, 혹시 그렇지 않다면 좀처럼 남녀 관계가 성립할 수 없다. 정확히 말하면 관계를 오래 지속하기가 어렵다. 그런데 나와 배우자의 경우는 둘 다 과거에 낙오자라고 불린 적이 있으며, 혼자 정처 없이 유랑하는 것을 좋아한다. 아니, 그냥 좋아하는 게 아니라 무엇보다 좋아한다. 그처럼 아쓰미 기요시渥美淸[25] 같은 성질을 지니고 있는 것이다.

낯선 나라에 입국한 것은 좋지만 아는 사람도 돈도 체류허가증도 없다, 이렇게 멍하니 있다가는 불법체류자가 되어 교도소에 처박히든지 추운 방에서 바싹 말라 굶어 죽을 수밖에 없지만, 나는 그런 마지막을 맞이하기 위해 태어난 사람. 그런데 그런 결말은 좀 뭣하니 일단은 끈기를 발휘해 스스로의 생존을 위해 노력해서 일자리를 찾고 언어를 습득하고 체류허가증을 손에 넣어 교도소와 아사만은 피해보자. 이렇

---

25 20세기 일본의 전설적인 국민배우. 대표작은 영화 '남자는 괴로워' 시리즈로 48편에 걸쳐 전국을 떠도는 행상인인 주인공 구루마 도라지로를 연기했다.

게 긴장한 상태일 때는 내 발도 근질거리지 않는다. 근질거림이라는 사치스러운 걸 느낄 틈이 없기 때문이다.

그렇지만 일단 교도소와 죽음을 피하고 가난하지만 그럭저럭 매일 밥을 먹고 술을 마실 수 있게 되면, 왠지 다시 발이 근질거리기 시작한다.

그리고 머지않아 이렇게 발이 근질거리다 내가 잘못되지는 않을까, 지금 어떻게든 하지 않으면 돌이킬 수 없는 일이 벌어지지 않을까, 하고 한밤중에 가위눌리다 벌떡 일어나는 일도 생긴다.

그리고 내 배우자 역시 이 같은 증상으로 자주 고민하는 남자다.

애초에 그는 20대의 10년 동안을 여기저기 방랑하는 일에만 할애한 인간으로 이스라엘에서 바나나를 재배하고, 호주에서 애버리지니aborigine[26]의 부메랑을 팔고, 스페인에서 말 조련사의 제자로 가르침을 받는 등 온갖 나라 및 지역에서 다종다양한 노동을 해왔다고 하는데, 그동안 했던 일만 봐도 배우자는 책상 앞에 앉아 컴퓨터와 마주 보고 서류를 읽고 쓰는 유동

26 호주 선주민을 가리키는 말.

성이 결여된 작업을 무엇보다도 꺼리는 사람이다.

발이 근질거리기 때문이다.

그렇지만 인간이라는 존재는 그처럼 유동만 해서는 노후의 생활을 대비할 수 없고 연금도 받을 수 없다. 그래서 나이를 먹으면 한 군데에 머무르며 '성실한 생활'이라는 것을 시작할 필요성을 느끼기에 누구나 노후를 위해 정착하고 전처럼 방랑하지 않도록 발바닥에 힘을 주고 살아가는 것이다.

그렇게 억지로 성실하게 살려는 사람이 유동보다 정착을 선호하는 파트너와 만나 한쪽이 정착하려 무리해서 노력하고 다른 쪽은 그런 생활을 본질적으로 꽤 좋아하는 결혼 생활을 하면, 만약 한 사람의 발이 근질거린다 해도 파트너가 누름돌처럼 굳건히 자리를 지켜주기에 괜찮다. 하지만 우리 집은 둘 다 역마살을 지니고 있는 성가신 조합이다. 그래서 어쩌다 두 사람의 발이 근질거리는 주기가 겹치면 집 안의 공기가 숨막힐 정도로 정체되어 고양이조차 외출했다가 돌아오지 않을 만큼 암담해진다.

아아, 전부 내버리고 한 번 더 방랑하고 싶어.

전부 털어버리고 가볍게 혼자 또 멀리 떠나고 싶어.

그런 유혹이 물밀듯이 밀어닥친다.

그리고 그런 유혹이 두 사람에게 밀려오고 있다는 사실을 우리는 서로 안다.

그래서 불평하지 않는다. 나 역시 비슷한 걸 생각하고 있으니까. 그래서 상대방을 책망하기보다는 동병상련이라 할 만한 상태로 속절없이 애달파하고 전부 다 떼어버리고 싶다는 생각을 한다.

이런 생각을 하고 있으니 머릿속이 한층 더 무거워졌다.

여전히 비는 축축, 바람은 휭휭, 고양이는 행방불명.

그냥 잘까.

그런 느낌으로 저녁부터 잠잘 자세를 잡았다. 깨어 있어도 좋은 일은 없으니까. 이대로 눈뜨지 못해도 나는 전혀 상관없어. 격렬하게 음울한 생각을 하며 눈을 감았다.

지친 영혼은 잘 잔다.

예전에 나카하라 주야中原 中也[27]가 그런 글을 썼던 것 같은데, 나도 근심이 가득하고 고단할 때는 끝없이 잠을 자는 체질이다.

---

27 20세기 초에 활동한 일본의 시인. 다다이즘, 상징주의 등의 영향을 받아 독창적인 문학 세계를 세웠으나 30세에 요절했다.

꿈이니 뭐니 허튼 것들은 보지 않는다. 나는 진지하게 전력으로 자는 것이다.

그처럼 온 힘과 온 마음을 기울여 정신없이 자고 문득 눈을 떠보니, 주위가 이미 하얬다. 아무래도 새벽녘이 된 듯했다. 내 마음은 전혀 밝아질 기미가 없지만. 눈뜨자마자 그처럼 비관적인 생각을 하며 몸을 일으키는데, 침대 옆의 작은 서랍장 위에 낯익은 악필로 휘갈겨쓴 글씨가 눈에 띄었다.

Wake Me Up Before You Go-Go 가기 전에 깨워줘[28]

뜬금없이 무슨 왬!Wham![28]이 되어 메모지 위에서 씰룩씰룩 허리를 흔드는 거야, 이 남자가. 입만 벙긋벙긋 그렇게 외치며 자고 있는 배우자의 얼굴을 보았다.

사람의 영혼과 영혼을 찰싹 붙여서 떨어뜨리지 않는 것은 의외로 이런 순간일지도.

어이쿠, 깜박하고 썩어버린 고등어처럼 구린 생각을 할 뻔했다.

---

28 1980년대에 전 세계적인 인기를 끌었던 2인조 그룹. 「웨이크 미 업 비포 유 고고(Wake Me Up Before You Go-Go)」는 왬!의 2집에 실려 세계적으로 히트한 곡이다.

아무튼 오늘도 계속해서 흐린 날씨인 것은 변함
없다. 그 뒤에는 비. 덤으로 폭풍도.

(2005. 5. 26)

후일담

이 글을 쓰고 몇 년 동안 임신 출산을 경험하고
배우자가 암에 걸리는 등 환경이 격변한 탓에 내 발의
근질거림은 가라앉았다. 하지만 배우자는 요즘도 전
부 버리고 어딘가로 꺼져버리고 F××k off 싶다고 말할 때
가 있다.

다녀와, 자네 인생이다. 나는 그렇게 답한다.

지난주 토요일, 런던에서 배우자의 친구 D가 놀
러 왔다.

D는 불과 한 달 전에 어머니가 돌아가셨는데, 장
례식에 참석했을 때 "이제 날씨도 좋아지니까 브라이
턴에 내려오면 어때?"라고 말을 걸었더니 훌쩍 혼자
서 내려온 것이다.

어머니의 장례식 날, D는 나이도 지긋한 사람이
장례식장에 가기 싫다고 떼를 부렸다.

그날 아침, 배우자와 나는 우선 런던 동부에 있는
D의 집에 가서 일가친척이 모여 있는 곳에 얼굴을 내
밀었는데, D 혼자만 칠칠맞지 못한 저지 차림으로 집
안을 어슬렁거려서 친척들이 냉담한 눈으로 그를 보
고 있었다.

아무리 가기 싫다고 해도 당신이 장남이니까. 네
가 안 나가면 네 아버지 입장이 어떻게 되냐. 우리는

D를 설득하여 일단 그에게 잿빛 정장 같은 옷을 입히고 영구차를 뒤따르는 차량 행렬에 합류하여 장례식장으로 갔다.

장례식장 정원에는 생각보다 많은 사람들이 모여 있었다.

예배당 입구 앞에 배우자와 둘이 나란히 서 있는데, "어이." 하는 굵은 목소리가 들려서 뒤를 돌아보니 배우자와 D의 친구 십수 명이 그래도 조문하는 자리답게 검정 정장을 몸에 두른 조신한 차림으로 줄줄이 모여 있었다. 하지만 아무래도 옷맵시에 품위라는 것이 없기 때문에 장례식이 아니라 영화 「저수지의 개들」의 첫 장면 같은 분위기였고, 그 탓에 영화 사운드트랙 중 「리틀 그린 백Little Green Bag」의 땅, 따당, 당따, 땅다다다아앙, 땅, 따당, 당따, 따당, 따다다아앙 하는 기타 소리가 어딘가에서 들려오는 것 같았다.

아무리 햇빛이 비친다고 해도, 이 녀석들은 왜 죄다 검은 선글라스를 쓰고 장례식장에 온 거야.

그렇게 의아해하는데,

"하이, 보이즈!"

라고 방금 전까지 잠옷 바람으로 집 안을 어슬렁대던 인간과 동일 인물이라고 믿기지 않는 상쾌한 표정을 지으며 D가 앞에서 걸어왔다.

"오오오오오, D!"

저수지의 개들이 성난 소리를 질렀다.

"날씨 복은 받았네. 날씨가 좋잖아."

"오오, 덕분이지. 그나저나 너 인마, 그 선글라스 좋아 보이는데, 어디 거야?"

친구들과 이야기하는 D의 옆얼굴에서는 조금 전에 우리에게 보여주었던 약한 모습이 완전히 사라져 있었다. 그리고 장례식, 장례식 후 집에서 한 뒤풀이, 그 뒤풀이 후 펍에서 했던 2차 음주회까지 D는 일관되게 그 무방비한 얼굴을 내보이지 않았다. 그렇구나. 남자의 교우관계에는 이런 일면도 있구나. 나는 그 사실을 똑똑히 보고 알았다.

그리고 몇 주 뒤, 브라이턴에 놀러 온 D는 장례식 날 집 안을 어슬렁어슬렁 배회하던 D와 장례식장과 펍에서 보았던 시원시원한 D의 중간 정도 D가 되어 있었다. 즉, 평상시 모습으로 돌아와 있었던 것이다.

브라이턴이 휴양지라고 해도 관광지가 그렇게 많지는 않다. 런던 사람들이 여름에 이 동네로 내려오는 이유란 오로지 바다를 볼 수 있기 때문이다. 그래서 D, 배우자, 나까지 세 사람도 바닷가로 가서 숨은 명소라고 하는 요트 정박지 근처의 해변에 비치타월을 깔고는 뒹굴뒹굴 시간을 보냈는데, 점점 햇빛이 약해지고 바람이 휭휭 불어와서 양손 양발 및 안면과 목덜미 등에 빽빽하게 닭살이 돋은 채 일광욕을 한다는 그야말로 영국다운 상황에 처했기에 놀던 자리를 정리하고 펍에 가기로 했다.

"둘 다 기네스지?"

그렇게 묻자마자 일어나서 맥주를 주문하러 간 D의 얼굴을 카운터 안에 있던 바텐더 언니가 촉촉하게 젖은 눈으로 가만히 쳐다보았다. 카운터에서 마시던 중년 여성 2인조도 갑자기 대화를 멈추고 온몸을 곤추세워 D를 의식했다.

사실을 말하면, D는 꽤 멋진 남자다.

젊었을 적에 달콤한 얼굴로 유명한 배우 데이비드 캐시디David Cassidy와 똑 닮았다는 평가를 들으며 런던 이스트엔드를 들끓게 했던 사람답게 D와 함께 나이트클럽에 가기라도 하면 여자들의 시선에 손 키스에 팬티까지 마구 날아와서 그야말로 난리였다고 배우자와 그 외 다수가 증언했다.

그런 상태였기 때문에 D는 이불을 같이 덮을 상대를 찾는 데 아무런 불편이 없었는데, 지나치게 불편이 없었던 탓에 이런저런 문제가 일어나기도 했고, 결국 48세가 된 지금까지 한 번도 결혼 혹은 장기 동거를 한 적이 없다. 심지어 이스트엔드에서 경영하던 자신의 사업이 실패한 뒤로는 계속 부모와 함께 살면서 아르바이트로 돈을 좀 모으면 매년 서너 달 동안 아시아 방면을 정처 없이 떠돌고 오는, 아저씨치고 자유로운 생활을 마음껏 해왔다. 그 덕분일까. D는 겉보기도 괴물처럼 윤기가 돌고 젊은 생기가 넘쳤다.

그렇지만 아무래도 그처럼 안이한 생활이 평생 계속될 수는 없었다. D의 생활은 어머니의 죽음으로 크게 달라지고 말았다.

"역시 그냥 오늘 런던에 돌아갈래. 아버지를 혼자 두면 좀 불안해서. 요즘 들어 가스를 안 잠그기도 하거든."

커다란 맥주잔 세 개를 품에 안고 돌아온 D가 말했다.

어머니가 돌아가신 밤, 배우자에게 전화를 걸어 내 인생은 이제 끝난 거나 마찬가지라고 소리 높여 울었다는 D의 이야기가 떠올랐다.

"요즘 제일 열받는 게."

D가 의자에 앉기 위해 긴 다리를 이불 개듯이 접으며 말했다.

"너 괜찮아? 이렇게 묻는 놈들이야."

D의 윗입술에 라거의 하얀 거품이 찰싹 달라붙었다.

"내가 괜찮다고 답할 수밖에 없다는 걸 알면서 괜찮냐고 묻는 거야. 아냐, 나는 하나도 괜찮지 않아. 왜냐하면 바로 얼마 전에 어머니가 돌아가셨고, 아버지한테는 인지저하증 조짐이 보이고, 덤으로 앞으로 나 말고는 아버지를 돌볼 사람이 없거든. 이렇게 어두컴컴한 이야기만 줄줄이 내뱉으면 뭐라고 할 생각이었을까?"

"괜찮을 리가 있겠냐, 멍청아. 이렇게 쏘아붙이고 무시해버리면 돼."

나도 기네스가 든 잔을 입에 대며 말했다.

"괜찮다고 하는 게 거짓이라면, 내 마음을 구시렁구시렁 설명하는 것도 거짓이고, 말로 내뱉는 순간 전부 얄팍하고 바보처럼 되는 거야."

"응, 알겠어…. 실은 그런 내용이 적힌 책을 최근에 읽었어. 일본어로 쓰였지만."

배우자는 말없이 기네스를 마셨다.

"결국 자신의 괴로움, 같은 건 말이야. 남한테 아무리 지껄여봐야 소용이 없는 거야. 큰일이었죠, 동정을 받아도 비참할 뿐이고. 힘내. 이런 식으로 격려를 받아도 열받고."

"그래, 뭐 그런 걸 좋아하는 사람들도 있지만."

"나는 아냐. 나는 그냥 어이가 없어서 아무 얘기

241

도 하기 싫어져. 인생이란 한 권의 거대한 바보가 아닐
까 생각하기 시작했어, 최근 들어서."

그렇게 토하듯이 내뱉고 화장실로 가는 D의 뒷모
습을 바라보면서 아아, 사람이란 이렇게 염세주의의
종이 되는 거구나 생각했다. 하지만 염세에 빠지는 건
어떤 의미로 긍정적인 시작이기도 하다. 애초에 금세
드라마의 주인공이 되거나 격정에 빠지는 사람들은
자기 인생의 책임 중 일부가 타인, 혹은 무언가 외부에
서 작용하는 힘에 있다고 믿기 때문에 그들이 출연하
는 드라마가 성립할 수 있는 것이다. 결국 전부 나의
멍청함에서 비롯되었다는 것을 알게 되면, 인생이라는
것의 어이없음이 갑자기 두드러지고 그 뒤로는 냉정해
질 수밖에 없다.

이런 식으로 사색에 점점 깊이를 더하는데, 카운
터에 앉아 있는 중년 여성 2인조가 화장실 문을 열고
안으로 들어가는 D의 모습을 더더욱 빛나는 눈동자
로 말없이 바라보았다.

"저런 걸 말하지 않는 녀석이었는데."

배우자가 나직이 말했다.

"인간은 슬픈 일을 겪으면 허무주의자가 되는 경
향이 있으니까."

"아니, 그런 게 아니야. 저 녀석은 힘든 일이 있으

면 남자 친구들한테는 별로 말하지 않지만, 여자 친구들한테는 정서적인 이야기를 해서 응석 부리곤 했어."

"그렇다면 D가 그동안 나를 여자로 보지 않았기 때문이야, 하하하하."

"아니, 그런 말도 아니고."

내 착각인지 눈이 좀 붉어진 배우자는 잔에 담긴 맥주를 모두 마셨다.

"저놈도, 드디어 각오를 한 모양이야."

결국 토요일 4시가 좀 지나서 D는 런던으로 돌아갔다. D가 당초 일요일까지 머무를 예정이었기에 우리는 선데이 로스트sunday roast²⁹를 위해 평소보다 커다란 소고기 덩어리를 구입해두었었다.

"절반 가져갈래?"

라고 내가 말하자,

"쉰이 코앞인 남자랑 일혼 된 아버지가 단둘이 선데이 런치라니, 그것도 좀 쓸쓸해."

D는 웃으며 말했다.

그때만은 어쩐지 D의 웃는 얼굴이 내일모레면 쉰 살인 남자처럼 보였다.

---

29 영국인들이 주로 일요일에 즐기는 전통적인 식사로 큰 덩어리째 오븐에 구운 고기와 영국식 푸딩, 찐 채소 등을 함께 먹는다.

나와 배우자를 차례대로 가볍게 안아준 D는 이제 거의 골동품이 된 중고 소형 자동차에 올라타고는 허리를 다쳤을 때 조심조심 뀌는 방귀 같은 매가리 없는 클랙슨을 두 번 울리고 우리 집 앞의 비탈길을 비슬비슬 내려가기 시작했다.

　　"저 녀석과 아버지를 위해 선데이 로스트를 만들어주는 여자가 있으면 좋겠다."

　　배우자가 한마디 내뱉었다.

　　"해주겠다는 여자는 산더미만큼 있었을 텐데."

　　"아아, 내가 대충 아는 것만 해도 50명은 넘어."

　　"뭐, 먹고 싶을 때는 스스로 만들면 되잖아."

　　"그야 그렇지."

　　이스트엔드의 카사노바였던 남자의 자동차는 의욕 없이 느릿느릿 속도를 올리며 언덕 아래로 사라졌다.

(2005. 6. 5)

후일담

이 글의 후일담은 「카사노바의 종말」(320면) 참조.

브라이턴의 반짝이는 하얀 점퍼

나는 물건을 소유하는 걸 싫어한다. 이 세상에는 수집가라고 불리는 분들이 꽤 많은 모양으로 다종다양한 물건을 수집하고 보관해두는 것이 삶의 보람이라는 사람도 적지 않다고 하는데, 나는 책이든 CD든 옷이든 뭐든, 내 주변에 물건이 늘어나기 시작하면 정신이 사나워진다. 그래서 일하다가 조용히 일어나서 시야에 들어오는 갖가지 물건을 손에 잡히는 대로 버리는 일이 종종 있다.

젊은 시절 정처 없이 방랑하던 버릇이 아직 남아 있어서 그러기도 하겠지만, 기본적으로 나는 소지품이 여행가방 하나에 들어가 언제든 이주 가능한 상태로 살 때 가장 마음이 안정된다. 그리고 그런 상태일 때 내가 무서울 것 없는 최강이 된 듯한 느낌이 든다. 영어로 말하면 'I have nothing to lose^{잃을 것이 없다}.' 같은 상태인 것이다.

조금 달리 말하면 이래저래 후퇴할 일이 (지나치게) 많았던 인생인 탓에 여차할 때 잽싸게 물러날 수 없는, 어딘가 멀리로 꽁무니를 빼기가 곤란한, 그런 살림살이는 나를 불안하게 만드는 것 같다. 그래서 나는 배우자에게도 "물건 늘리지 마. 1년 동안 안 쓴 건 당신 인생에 필요 없는 물건이니까 얼른 버려."라고 일상적으로 훈계하는데, 배우자는 "말은 그래도 언젠가 쓸지 모른다고."라면서 물건을 버리지 못하는 성미의 인간이라 이 일 때문에 종종 둘 사이에 언쟁이 벌어진다.

그런 연유로 배우자의 존재만으로도 물건이 늘어나 정신이 사나운데, 내 일본의 가족까지 이따금 생각났다는 듯이 이것저것 각종 물품을 상자에 담아 보내왔다. 그런데 그게 또 아기를 업고 있는 인형, 서일본씨티은행의 부채, 후지야[30]의 잉어 사탕, 십이지 모양의 전통 인형, 원숭이 무늬의 비단 보자기, 고속도로 휴게소에서 구입한 소라딱지 나팔 등 정말이지 영문 모를 물건만 보내서 "더 이상 아무것도 보내지 말아줘."라고 내가 부탁했지만, 일본인에게는 타인의 말

---

30 일본의 대형 제과 기업.

에 숨은 뜻이 있게 마련이라 짐작하고 반대 방향으로 해석하는 나쁜 버릇이 있는 탓에 "그렇게 사양하지 마. 가족이잖아."라는 크나큰 오해가 생겨났고 결국 차례차례 의미 불명의 물건thing, 짐stuff, 정확히 말하면 쓰레기junk가 우리 집으로 배송되었다.

그중에서도 작년에 본가에서 보낸 어떤 물건은 지금껏 받은 것 중 가장 처치 곤란에 성가신 물건이 되었다.

그렇지만 그 물건을 성가시게 여기는 것은 나뿐이고 배우자는 꽤 애용이라고 할까, 즐겨 입고 있다. 숨겨서 무엇하랴, 배우자가 좋아한다는 사실이야말로 내가 겪는 어려움의 핵심이 되는 큰 문제다. 그래서 대체 무슨 물건인가 하면 남성용 의류, 다르게 말해 점퍼, 정확히는 블루종인데, 하얀 새틴 소재로 만들어졌다. 그 새틴 원단이 그야말로 연극부 친구들이 웨딩드레스 같은 의상을 제작할 때 사용할 법한 반짝반짝 빛나는 소재로, 다시 말해 늘 먹구름 가득한 영국에서도 충분히 사람들의 시선을 사로잡는 원단인데, 일본이었다면 '야××'라는 무서운 직업을 가진 분들이 하얀 반짝이 구두와 조합해서 즐겨 입는, 품위와는 동떨어진 소재와 형태를 지닌 옷이다.

그런 옷을 내 아버지는 도대체 무슨 생각인지 "남

편한테 입혀."라면서 보냈는데, 이건 도저히 밖에서 입고 다닐 옷이 아니니까 집에서 싸늘할 때 걸치는 정도로 입는 게 좋다는 내 충고를 듣지 않고 배우자는 재미있어하면서 그 옷을 밖에 입고 나간다.

"이봐, 네 얘기는 일본에서나 그런 거잖아. 여긴 영국이니까 아무도 모른다고."

배우자가 그렇게 말하며 그 옷을 입으면 아무래도 그 역시 이 나라의 인간인 터라 딱히 일본의 '야'가 들어가는 직업을 가진 분들 같지는 않은 것이 사실이다.

"그래도 일본 사람은 알아볼 수밖에 없다니까."

"그러니까 좋은 거잖아."

"아냐, 일본의 젊은 사람이 보면 반드시 폭소한다니까."

내 말에 배우자는 정말 기뻐서 어쩔 줄을 모르겠다는 듯이 말했다.

"그러어엄 나는 일본인이 많이 다닐 법한 곳에 다녀올게에에."

배우자가 하도 신나서 나는 하는 수 없이,

"그럼 혼자 가. 나는 같이 걷지 못하겠으니까."

라고 집에서 배웅할 수밖에 없었다.

이 계절이 되면 하절기 영어 집중 코스로 3개월

동안 어학연수를 오거나 런던의 대학교 입학을 앞두고 그 전에 살짝 해변 도시에서 영어 실력을 갈고닦겠다는 목적으로 머무는 젊은 일본인들이 몇 명씩 무리지어 다니는 모습을 브라이턴에서도 자주 볼 수 있어서 배우자가 그런 점퍼를 입고 다니면 거리에서 작은 소동이 일어날 것이 뻔했는데, 배우자는 어린 일본인 아가씨들이 자신을 가리키며 꺄꺄 소리치거나 자신의 뒤에서 주저앉고 폭소하는 것이 진심으로 즐거운지 그 옷을 입고 나가는 게 버릇이 된 것 같았다.

며칠 전에도 배우자가 역까지 자동차로 마중을 나왔는데, 큰 짐을 안고 걷던 터라 배우자가 차에서 내려 나를 도와주러 온 것은 좋았지만, 하필 그 점퍼를 입고 있는 배우자의 모습에 내 얼굴에서는 핏기가 싹 가셨다.

왜냐하면 그날 런던에서 브라이턴으로 오는 특급열차의 내가 탔던 차량에 일본어로 즐겁게 재잘재잘 담소를 나누는 일본인 아가씨가 몇 명 타고 있었기 때문이다.

큰일이다.

그렇게 생각한 순간 아니나 다를까.

"뭐야, 저기 봐."

"어? 어? 어?"

"말도 안 돼."

"뭐야, 아하하하하하."

아가씨들이 폭소하는 소리가 등 뒤에서 들려왔다.

그러자 배우자는 여유 있게 뒤를 돌아보고는 자못 익숙하다는 듯이 말했다.

"그를 알아Do you know him? 일본의 프랭크 시나트라Japanese Frank Sinatra."

"뭐야, 뭐야아, 아하하하하하."

아가씨들의 웃음소리는 더욱더 높아져 사방으로 울려퍼졌다. 그럴 만했다. 그들도 설마하니 유학을 온 잉글랜드에서 이런 점퍼를 입고 있는 인간을 볼 줄은 전혀 몰랐겠지.

무엇보다 그 하얀 새틴 점퍼의 등판에는 굵은 검정색 글씨로 다음과 같은 로고가 대문짝만하게 찍혀 있었던 것이다.

SABURO
KITAJIMA[31]
1999

---

31 기타지마 사부로(北島 三郎)는 일본의 가수이자 배우로 1962년 데뷔한 후 수십 년 동안 큰 인기를 얻은 국민가수 중 한 명이다.

1999년의 콘서트를 기념하는 옷을 이제 와서 보낸 아버지의 인색함이 신경 쓰이지만, 어차피 그 아버지가 한 일이다. 자기는 콘서트장 매점에서 최신 점퍼를 샀으니 낡은 건 사위한테나 보내버리자고 쩨쩨하게 생각했음이 틀림없다.

그런고로 최근 브라이턴 시내에서 하얗게 빛나는 기타지마 점퍼를 입은 남자를 목격한 적이 있는 일본인 여러분, 그 남자는 제 남편입니다.

그리고 "사부로는 일본의 프랭크 시나트라다."라고 가르쳐주었다고 하는 일본인 청년. 누구신지는 모르지만, 정말 고맙습니다.

그 뒤로 배우자가 더더욱 그 점퍼를 입고 싶어한답니다.

(2005. 8. 17)

후일담

내 아버지는 그 후, 무려 우울증이 있는 아내를 데리고 브라이턴에 건너오는 대모험을 완주했다. 그리고 정글이 되어버린 높직한 언덕인 우리 정원을 꼬박 한 달 동안 포클레인을 이용해 전부 파헤친 다음 3단의 계단식 논처럼 생긴 평범한 정원으로 정돈해주었다. 그리고 이듬해에 다시 브라이턴에 와서 계단식 논 옆에 벽돌을 깨끗하게 쌓아주었다(겨우 태어난 손주에게 뛰어놀 마당을 주기 위해 노인은 슈퍼히어로가 되었던 것이다). 우리 집은 구 공영주택으로 시골에 땅이 남아돌기 때문인지 정원이 유독 넓어서 "셋이 달라붙어도 한 달 안에 못 끝내."라고 포클레인 대여업자(팔에 문신을 빼곡하게 그린 스킨헤드의) 형씨가 장담했지만, 신장 155센티미터인 일본인 할배는 혼자서 한 달 만에 목표를 달성해버렸고, 스킨헤드 형씨는 "믿을 수 없다⋯."라며 어안이 벙벙하다는 듯 말을 잇지 못했다.

작년(2016년), 일본 후쿠오카의 중심지에서 도로가 크게 함몰되었지만 일주일 만에 기적처럼 복구공사를 끝냈다는 소식이 사진과 함께 영국 신문에 실려서 잔잔하게 화제가 되었는데, 옆집 아들내미가 그 뉴스를 보고 "미카코의 아빠가 생각났어."라고 해서 "거기, 우리 아버지가 사는 동네야."라고 알려주니 내 주위에서는 온통 "후쿠오카는 미라클 타운."이라고 말하고 있다.

가끔 후쿠오카Fukuoka라는 지명을 "퍽오카"라고 잘못 발음하는 녀석이 있는 게 옥의 티지만.

베이브의 전설: 모 몰럼

모 몰럼Mo Mowlam이라는 영국의 정치가가 세상을 떠났다. 그는 1997년 토니 블레어 정권이 발족했을 때, 북아일랜드 담당 장관으로 내각에 입성한 여성이다.

북아일랜드라고 하면, 테러리스트에, 폭탄에, 총격에, 유혈이 낭자한 복수전 등 피비린내가 진동하는 곳이다. 그런 곳의 담당 장관으로 여성을 임명해도 괜찮은 것이냐. 처음에는 그처럼 불안해하는 목소리가 많았다지만, 그는 북아일랜드에서 가장 사랑받은 영국인 통치자가 되어 역대 북아일랜드 담당 장관 중 누구도 해내지 못한 일을 해냈다.

대쪽 같고, 거드름이 전혀 없고, 성미가 급하고, 순발력 넘치는 유머 감각이 있고, 여장부이고. 그의 사후 이런저런 말들로 그의 인품을 이야기하지만, 단 한 마디로 정리하면 그는 담대한 여성이었다.

그렇지만 모가 젊은 시절부터 그런 담대함을 지니고 있었던 것은 아니다. 노동당이 정권을 잡았을 때 그는 이미 뇌종양이 발병하여 급격하게 노화가 진행되고 체중이 늘어나 있었기 때문에 모 몰럼이라 하면 뚱뚱하게 살이 찌고 머리가 벗어진 아줌마를 떠올리는 사람이 많겠지만, 사실 젊은 시절의 영상을 보면 그는 깜짝 놀랄 만한 금발 미녀였다. 실제로 1987년(당시 37세)에 정치가로 국회에 데뷔했을 때는 '하원의 베이브babe³²'라는 평판을 들었다고 한다.

그렇지만 그는 '베이브'한 외견으로 떠들썩해지는 걸 싫어했다고 하며, 이목이 집중되지 않는 수수한 활동에 기꺼이 나섰다. 노동자나 빈곤층 사람들과 대화를 나누는 데 시간을 할애한 것이다. 영국과 미국의 대학에서 가르친 적도 있는 학자 출신인 그는 실제로 사람과 만나서 대화해보지 않으면 아무리 많은 글을 읽어도 진짜 현실은 무엇 하나 알 수 없다는 것을 그 무렵 배웠다고 한다. 그런 경험 덕에 훗날 교도소에 수용 중인 테러리스트들을 만나 대화한다는, 영국 정치가로서 전대미문의 행동을 실행할 수 있었을 것이다.

---

32 '성적으로 매력적인 젊은 여성'을 가리키는 속어로 쓰이기도 한다.

그를 추모하는 방송에서는 '베이브'였던 시절의 그가 어려운 사정을 호소하는 가난한 연금생활자들에게 모기가 우는 듯한 목소리로 답하는 모습을 보여주었는데, 정말이지 가슴이 먹먹해지는 영상이었다. 내각에 입성한 뒤의 대담한 모와 가냘픈 미녀 모 사이에는 커다란 간극이 있다. 하지만 그의 자서전(이 사람은 정말 자기가 썼다.) 등을 읽어보면 담대한 이미지의 이면에는 언제나 섬세한 성격이 숨어 있었다는 것을 알 수 있다. 세세한 일은 신경 쓰지 않는 대범한 여성이었다고 여겨지곤 하지만, 자기도 모르는 사이에 그의 도움을 받은 사람이 정말 많았다. 모가 세상을 떠났을 때 "그의 호쾌한 인품이 회자될 때가 많지만, 사실 그만큼 깊은 통찰력을 지닌 정치가가 없었다."라고 블레어 총리가 말했는데, 아마 그야말로 모의 도움을 가장 많이 받은 인물일 것이다.

모가 이룩한 위업이란, 아일랜드 평화 협정에 모든 관계 당사자들을 끌어들여 그들이 '마음먹게 만든 것'이다. 그는 연합주의자와 민족주의자를, 정신이 아득해질 만큼 오랫동안 서로 증오하고, 서로 죽이고, 서로 권력을 빼앗아온 사람들을 모두 교섭 자리에 앉혔다. 성금요일 협정Good Friday Agreement(혹은 벨파스트 협정Belfast Agreement, 1998년)[33]이 이루어진 것은 토니 블레어 총리의 공적이라고 국제적으로 받아들여지고 있지만, 모가 분주하게 움직여 북아일랜드 문제의 모든 관계 당사자를 교섭에 참가시키지 않았다면, 애초에 교섭이 실현될 수도 없었다.

그렇다면 그는 어떻게 그런 일을 해낼 수 있었을까? 우선, 아일랜드 사람들의 기질과 모의 인품이 맞아떨어졌다는 점이 있을 것이다. 얼스터연합당[34]의 데이비드 트림블은 "모는 단도직입적이었다. 그리고 우리도 단도직입적이다. 허울 좋은 말이나 허튼소리는 내뱉지 않는다. 그래서 우리는 서로 이해할 수 있었다."라고 말했고, 신페인당[35]의 게리 애덤스도 "모 몰럼이라는 인물이 없었다면 현재의 북아일랜드는 존재할 수 없었다."라고 말했다.

---

33 아일랜드 독립전쟁 이후 영국령으로 남은 북아일랜드에서는 영국 연합에 남아 있어야 한다는 연합주의 진영과 북아일랜드 독립을 주장하는 민족주의 진영 간 갈등이 극심하여 테러와 분쟁 등으로 수천 명이 목숨을 잃을 정도였다. 그러다 마침내 1998년 북아일랜드 벨파스트에서 영국과 아일랜드 사이에 평화 협정이 체결되었다. 그 결과 아일랜드는 북아일랜드에 대한 권리를 주장하지 않고, 영국 의회는 북아일랜드를 직접 통치하지 않게 되었다. 부활절 이틀 전인 성금요일에 협정이 체결되었기에 성금요일 협정이라고도 불린다.

34 북아일랜드의 보수 정당으로 연합주의 성향을 지녔다.

35 아일랜드와 북아일랜드에서 활동하는 민족주의 정당. 아일랜드의 독립을 주장하며 무장 투쟁을 불사하던 조직이다.

자신이 젊은 시절 실컷 '베이브'라고 불렸기 때문일까. 모는 공식적인 자리에서도 타인을 '베이브'라고 불렀던 모양이다.

"괜찮아, 베이브?"

"어떻게 지냈어, 베이브?"

로큰롤 가수도 아니고 장관씩이나 되는 사람이 뭐냐, 베이브라니. 이렇게 당황하는 사람이 있는가 하면 격노하는 사람도 있었다는데, 모는 자기다움을 관철해서 북아일랜드의 펍에서 토박이들한테 맥주를 살 때도, 각료 회의가 열릴 때도, 완전히 똑같이 언제나 격식에 얽매이지 않아서 회의 중에 질겅질겅 껌을 씹거나 갑자기 구두를 벗고 맨발을 드러내는 등 아무튼 태도가 불량했다고 한다. 하지만 유례를 찾아볼 수 없는 모의 일관성은 그야말로 아일랜드인들이 사랑할 만한 자질이기도 했다. 그가 세상을 떠난 이튿날에는 영국뿐 아니라 아일랜드의 모든 신문이 1면 머리기사로 비보를 전했다.

또한 그는 누구보다 여성답게 배짱이 두둑한 현실주의자이기도 했다. 예컨대, 북아일랜드의 여러 세력 대표들과 함께하는 회의를 준비할 때도 "남자들은 누가 누구 옆자리에 앉았는지부터 신경 쓴다. 그래서 나는 묻지도 따지지도 않고 자리를 알파벳순으로 배치했다."라고 자서전인 『모멘텀』[36]에 적었다. 그러는 동시에 기발한 계책과 위협 등도 활용하면서 북아일랜드의 모든 정치세력과 접촉하여 교섭에 나서게 한 그 술수는(이 부분은 부디 자서전을 참조해주길 바란다.) 그야말로 "그 여자 배짱 있다."라고 할 수밖에 없으며, 그가 여자 처칠이라 불린 것에도 고개가 끄덕여진다. 그는 다나카 마키코田中眞紀子[37]처럼 이미지밖에 없는 사람이 아니라 내실이 꽉 찬 정치인이었던 것이다.

그렇지만 모든 진영을 교섭 자리에 앉히는 작업이 끝나자 토니 블레어 총리가 모의 공적을 가로채는 방식으로 협정을 체결시켰다. 그리고 북아일랜드 정책에서 모의 역할을 점점 줄였고, 결국 북아일랜드 담당 장관 자리에서도 물러나게 했다. 토니 블레어 측은 언론에 "모가 지나치게 아일랜드로 치우친 태도를 취하는 탓에 영국 내에서 비판이 거세지기 시작했다."라고 정보를 흘렸지만, 실은 영국과 아일랜드 양쪽에서 모 몰럼의 인기가 너무 높아졌기 때문이었을 것이다.

---

36 Mo Mowlam, *Momentum: The Struggle for Peace, Politics and the People*, Hodder & Stoughton 2002.
37 일본의 정치인. 다나카 가쿠에이 전 총리의 딸로 솔직한 언변 등이 두드러져 대중적인 인기를 끌었지만, 정치인으로서 역량은 부족하다는 비판도 받고 있다.

실제로 1998년 노동당 전당대회에서 연설하던 블레어 총리가 '성금요일 협정'과 '모 몰럼'을 입에 담는 순간 청중 전원이 일어나 무대 끝에 서 있던 모를 향해 박수를 보내서 블레어가 "연설 도중에 기립 박수를 받은 건 처음이다. 심지어 연설하는 사람이 아닌 다른 사람에게 보낸 박수다."라고 농담을 하기도 했다.

간단히 말해, 모 몰럼은 블레어의 손에 밀려난 것이다.

인기가 너무 많았고, 끝없이 단도직입적인 그의 발언 역시 위험한 것이 너무 많았다.

오랜 친구이기도 했던 블레어의 배신은 모의 마음에 깊은 상처를 냈고, 그 탓에 병세도 단숨에 악화되었다고들 한다. 노동당이 정권을 잡기 직전인 1997년에 뇌종양 진단을 받은 모는 치료를 하면서 선거전을 치렀고, 내각에 입성했을 때는 이미 치료의 부작용 때문에 머리카락이 빠지고 얼굴이 부어서 갑자기 스무 살은 먹은 듯이 용모가 변해 있었다. 하원의 '베이브'라고도 불렸던 미녀가 갑자기 살쪘다는 둥 가발이 어긋났다는 둥 타블로이드 신문의 소재로 쓰였다. 여자로서 얼마나 슬픈 일이었을까 상상한다. 평범한 여자라면 우울증에 걸렸을 것이다.

그렇지만 그런 와중에 모는 누구도 할 수 없었던

일을 해낸 것이다. 마음 따뜻한 파트너의 지지를 받으며(이런 여자와 짝을 이룬 남자가 여자를 지지하지 않을 리가 없다.) 사무실에서 빠진 머리카락을 쥐고 하염없이 울다가도 얼굴을 씻고 밖에 나가 선을 넘나드는 농담을 날리며 북아일랜드의 우락부락한 남자들과 줄다리기를 계속했다.

'왜 모가 갑자기 살이 찌고 머리가 벗어졌을까?'에 관한 답을 쫓던 타블로이드 신문이 의료 관계자에게서 그의 정보를 입수하자 모는 스스로 자신의 병을 공표했다. 그때까지 완강하게 뇌종양을 숨긴 이유에 관해 모는 다음처럼 말했다. "병에 걸렸다고 하면 남자들은 나를 동정하며 제대로 된 교섭 상대로 인정해 주지 않는다. 내 병이 북아일랜드 평화 협정을 방해하는 것은 용납할 수 없었다."

블레어의 배신에 상처 입고, 2001년에 정계를 은퇴하여 자서전을 쓰고, 이라크 전쟁 반전 운동에도 참가했지만, 최근 몇 년 동안은 쇠약해진 것이 뚜렷이 눈에 띄었다.

향년 55세.

7월 28일 IRA[38]의 무력 투쟁 종결 선언을 지켜봤으니 됐다는 듯이, 그는 호스피스에서 조용히 눈을 감았다.

◇모 몰럼의 생애는 머지않아 반드시 영화화될 것이다. 북아일랜드 문제라면 북미 사람들도 흥미로워할 테고, 어떤 배우든 모 몰럼 같은 역할은 탐날 것이다. 다만 어떻게 해도 블레어가 악역이 될 수밖에 없으니 그가 총리에서 물러난 다음에야 가능하겠지.

(2005. 8. 25)

후일담

고인의 생애는 정말로 지상파 방송국 채널4에서 텔레비전 영화 「모 Mo」로 제작되었다. 모의 역할을 맡은 배우는 영국을 대표하는 배우인 줄리 월터스 Julie Walters('해리 포터' 시리즈에 몰리 위즐리로 출연했다). 그 역할로 줄리 월터스는 2010년 영국 아카데미 텔레비전상에서 여우주연상을 수상했다. 드라마 「모」는 2010년 방영 당시 350만 명이 시청하여 2001년 이후 채널4의 드라마 중 가장 높은 시청률을 기록했다.

---

38 아일랜드의 독립을 주장한 과격파 무장단체. 북아일랜드를 비롯해 아일랜드, 잉글랜드, 독일, 네덜란드 등에서 테러를 벌였다. 앞서 언급된 신페인당은 IRA에서 분열된 이들이 세운 정당이다.

비치 마미와 소년들

조류 인플루엔자의 위협이 화제가 되면 "크리스마스를 앞두고 칠면조가 부족할 우려"라는 제목이 신문 1면을 장식하고, 과거 10년에 비해 최악의 겨울이 될 것이라는 기상 예보가 발표되면 "과다한 난방으로 가스가 부족해질 우려"라는 뉴스가 신문 1면을 장식하는, 툭하면 무언가가 부족해질 것에 대한 우려만 거론하는 작금의 영국에서 소년 A의 집안에도 1명의 결원이 생겼다.

누군가 죽었다는 말은 아니다. 그만큼 어두운 이야기는 아니지만, 그다지 경사스러운 일도 아니다.

소년 A의 집에서 부친 역할을 했던 남성이 집을 나간 것이다. 어째서 그 남성이 부친 같은 존재일 뿐 진짜 부친이 아니었는가 하면, ① 그는 소년 A의 친아버지가 아니다, ② 그는 소년 A의 동생들의 친아버지지만, 소년 A의 모친과 결혼하지는 않았다, 하는 사정이 있기 때문인데, 요컨대 소년 A의 모친이 5년 동안 동거하며 자녀를 두 명 낳기도 한 파트너와 별거하기 시작한 것이다. 타블로이드 신문의 가십 기사 느낌으로 쓰면, 파국.

소년 A라는 아이는, 어린애로 두기에 아까울 만큼 원숙미가 넘치는 분으로 어린애를 싫어하는 내가 친구로 인정하는 유일한 9세 남성이다. 원숙한 소년인 만큼 이번 건에 관해서도 부모(뭐, 부모는 맞으니까)가 헤어졌다고 특별히 동요하는 것 같지도 않고, 갈등하거나 쓸쓸해하는 모습도 보이지 않았다. 변함없이 담담하게 우리 집에 놀러 와서는 나와 옆집 아들까지 셋이서 팔씨름 대회 등을 하며 노는데, 그가 가장 약하기에 벌칙으로 화장실 청소를 맡고는 한다.

나는 그 사건에 관해 소년 A의 어머니에게 직접 이야기를 들었지만, 소년 A는 그에 관해 한 마디도 하지 않기 때문에 나 역시 아무것도 묻지 않고 화제에 올리지도 않았다.

그런데 옆집 아들내미가 "요즘, 너네 아빠 차가 없네."라고 눈치 없이 입을 놀려서 아아, 무슨 말을 하는 거니, 얘는 여전히 말을 경솔하게 하네, 하고 걱정하며 대화를 들었는데, 소년 A는 "집에서 나갔어."라고 냉담한 얼굴로 답했고 옆집 아들내미는 "아, 그

래."라고 답할 뿐이었다. 그 이상은 서로 말하지 않아
도 된다는 느낌이었다.

영국의 자녀가 있는 35세 남성 중 3분의 1은 자
신의 혈육이 아닌 아이를 키우고 있다는 조사 결과가
있다. 그렇다고 해서 부인이 남편 몰래 다른 남성의 아
이를 임신하고 낳아서 키우고 있다는 말은 아니고(그
런 경우도 일부 있겠지만), 간단히 말하면 영어로 스텝
키드stepkid, 즉, 상대방이 데려온 아이를 키우는 남성이
많다는 뜻이다.

3분의 1이라는 것은 대단히 큰 비율이니 주위에
도 그런 경험을 한 사람이 반드시 존재한다는 뜻인데,
그게 내 주변에도 있다. 내 배우자만 해도 나와 결혼
하기 전에 여러 파트너와 함께 생활한 적이 있고, 마지
막으로 장기 동거를 했던 여성에게는 아이가 세 명 있
었다고 한다. 어쨌든 타인의 아이를 키우는 건 큰일이
었다고 배우자는 말한다.

"애들의 친아빠가 멀리서 살고 있으면 그나마 잘
풀렸겠지만, 걸어서 10분 걸리는 동네에 살고 있으니
까 혼내면 애가 바로 거기로 달려가서 돌아오지 않고.
역시 안 되더라고."

영국이라는 나라는 일본과 비교해 여러 체제가
붕괴하고 있는데 가족이라는 틀만 해도 그렇다. 아이

를 위해 백년해로한다는 일본식 참을성 경연대회는 이곳에 존재하지 않으며 싫어지면 헤어지고 좋아하는 사람이 생기면 불륜 따위로 시간을 낭비하지 않고 단숨에 배우자와 헤어지고 새로운 애인과 함께 산다. 그리고 질리지도 않고 같은 과정을 몇 번이나 반복한다. 멍청하다면 멍청한 것인데, 그래도 떳떳하다.

애초에 '아이를 위해서 헤어질 수 없다'는 일본식 사고방식을 지닌 사람만 해도 사실은 자산과 평판이 손상되는 게 무섭거나 혼자 살아갈 용기와 자신감과 경제력이 없어서, 즉, 자신을 지키기 위해 헤어지지 않는 것이면서 '아이를 위해'라고 뚱꼬가 가려워질 듯한 하찮은 변명을 내거는 경우가 많다. 그런 주제에 훗날 '너를 위해 오랜 세월 참았다.'라고 아이에게 공갈을 해대면 헤어지지 않은 것이 외려 아이에게 곤란한 일이 되는 셈이다.

결국은, 가정의 행복이 아니라 개인의 행복인 것이다. 가정이란 각자 책임을 지고 개인적으로 행복해지려고 노력하는 사람들의 연합체. 이런 연합체에서는 내 불행을 누군가의 탓으로 돌리고 싶어도 불가능하고, 나의 행복을 위해 너는 행복해지는 것을 참아야 한다고 난폭한 주장을 하는 사람도 존재하지 않는다. 영국에서는 가족도 개인주의인 것이다. 가장 우선하는 것은 바로 나.

예를 들어 옆집 아들이 왜 그렇게 자주 우리 집에 놀러 오는가 하면 자기 집에는 모친과 누나가 남자 친구를 데려와 알콩달콩 농탕치는 경우가 많은데, 그 커플들이 텔레비전을 차지해 좋아하는 프로그램을 볼 수 없다는 이유 외에 거실과 침실에서 이상야릇한 목소리가 들리기도 해서 좀 있기 힘들다, 하는 청소년의 교육상 실로 발칙한 사정이 있다. 옆집 아들 역시 유년기부터 어머니의 배우자, 파트너, 그냥 애인 등이 몇 번씩 바뀌는 걸 보아왔기에 이제 와서 자신의 어머니에게 난잡하다느니 칠칠치 않다느니 비난할 리는 없고, 굳이 말하면 좋아하고 있다. 그러는 것에는 주위 친구들의 가정 사정 역시 다들 비슷하다는 이유가 있지만, 나는 그뿐 아니라 이 나라의 노동자 계급 남자들이 여자(=모친)에 대해 일종의 체념, 또는 무얼 하든 받아들이는 마음 같은 것을 지니고 있다고 생각한다.

나는 20대 초반에(그게 벌써 약 20년 전인가, 아하하하하.) 런던의 세븐시스터즈라는 곳에서 자메이카계 흑인의 집에 셋방을 얻어 지낸 적이 있다. 그 집 안의 장남에 해당하는 남성은 흑인이면서도 배우 마쓰다 유사쿠松田 優作[39]를 닮았고, 그의 어머니는 제임스 브라운James Brown[40]과 비슷했다. 그래서 마쓰다 유

사쿠(를 닮은 장남)는 아버지를 닮은 건가 싶었는데,
돌아가신 아버지 또한 전형적인 흑인이었고, 애초에
유사쿠의 피부는 명백하게 색이 옅었다. 다른 가족 구
성원들이 다크초콜릿이라면, 유사쿠 혼자 밀크초콜릿
이었다.

어느 밤, 취해서 멍한 유사쿠가 진지하게 이야기
한 것에 따르면, 그 자신도 어린 시절에는 퍽 그 문제
로 고민이 많았다 한다. 하지만 틴에이저라고 불리는
나이가 되어 여자를 알고, 더욱 잘 알게 되자 뭐, 그럴
수도 있겠네, 하고 이해하게 되어 아무래도 상관없게
되었다. 그 후, 집에서 악기를 연주하지 말라며 제임
스 브라운(을 닮은 어머니)에게 호되게 혼나거나 청소
기의 흡입구로 두들겨 맞는 유사쿠를 볼 때마다 그날
밤 그가 말했던 것이 떠올라 가슴이 뭉클해졌는데, 당
시 그에게는 사랑스러운 연인이 있었기에 내가 뭉클
해졌다 해도 그 이상 어쩔 수는 없었다.
　나는 아이라는 존재를 낳아본 적이 없어서 그 덕

39 1970년대에 활동한 일본의 남자 배우. 남성적인 매력으로 큰 인기를
끌었다.
40 R&B, 소울, 펑크 등에 지대한 영향을 끼친 20세기 최고의 가수 중 한 명.

에 어머니라는 대단한 사람이 되지 않았다. 하지만 맨날 술에 취해 있는 무책임한 여자가 어머니가 되어 어쩌겠는가. 그날그날 기분에 따라 말이 이리저리 바뀌는 데다 애초에 어린애 같은 건 정말 싫어하니 사람을 우습게 보는 행동을 하거나 어처구니없는 말을 지껄이는 꼬맹이라면 뚜껑이 열려서 주먹으로 때리든지 발로 차든지 장롱 서랍 안에 넣어서 질식시킬 뻔하든지, 아무튼 내 아버지 못지않은 폭력적인 부모가 될 우려도 있다. 부모라는 곳은 내게 다가가지 않는 게 좋은 위험 구역임에 틀림없다.

그렇지만 최근 우리 집에 오는 소년들을 보고 있자니, 어머니라는 존재에게 지나친 기대를 하지 않는 이 나라의 노동자 계급 남자애라면 한 명쯤 키워도 나쁘지 않겠다는 생각이 문득 들기도 한다. 며칠 전에도 소년 A가 어머니의 생일 밤에 축하 카드를 깜박 사지 않았다고 말하기에 배우자가 차로 근처 슈퍼에 데려갔는데, 소년 A는 "당신은 더럽고 늙은 비치You're a dirty old bitch"라고 까부는 문구가 쓰인 카드를 사 왔다. 그리고 집에 돌아가기 전에 거실에서 카드에 뭔가를 적었는데, 그러는 소년 A에게 배우자가 말했다.

"나도 예전에 어머니랑 싸워서 10년 넘게 소식을 끊었던 적이 있어. 그런데 곰곰이 생각해보니 50년 가까이 살면서 똥투성이인 내 엉덩이를 닦아본 적이 있는 인간은 두 명뿐이더라고. 나랑 어머니. 아무리 폼 잡아도 갓난아기 때부터 자기 엉덩이를 닦을 수 있는 인간은 없잖아. 그래서 나는 그것만이라도 어머니한테 고마워하자고 결심했어."

소년 A는 말없이 카드를 쓰면서 작게 고개를 끄덕였고, 축구 시합을 열심히 시청하던 옆집 아들내미는 슬쩍 카드를 들여다보고는 싱글싱글 웃었다.

나도 무얼 썼는지 위에서 엿보니 카드에는 "그래도 사랑해But I love you."라고 쓰여 있었다.

다들 내가 모르는 사이에 정신 차리려고 하면서 남자들끼리 이런저런 대화를 하는 것이겠지. 분명히.

(2005. 11. 27)

후일담

그 후, 어떤 운명인지 나는 정말로 아들을 한 명 낳아 어머니가 되었다. 이 글을 읽어보니 "아버지 못지않은 폭력적인 부모"가 될 것을 걱정했던 모양인데, 그 덕분인지 아기를 장롱 서랍에 넣는 일은 없었고, 아직까지는 격분해서 아이에게 밥상을 집어던진 적도 없다(뭐, 영국에는 밥상 자체가 없지만). 하지만 책을 읽거나 글을 쓰기 시작하면 나도 모르게 가족의 존재를 잊어버리는 탓에 아들의 학교 행사 등이 완전히 망각의 저편으로 날아가버려서 이런저런 민폐를 끼치고 있다. 그 덕분인지 어린 시절부터 유독 야무졌던 아들은 우리 집안에서 가장 분별력이 있는 인간이 되었고, 부모는 그를 '캡틴 센서블captain sensible'[41]이라 부르며 존경하는 동시에 가끔 멀리한다.

소년 A의 어머니의 파트너는 그 뒤에 다시 돌아왔고, 이래저래 소년 A와 부딪쳐서⋯ 뭐, 많은 일이 있었다.

내 배우자는 어머니를 싫어하고 성격이 맞지 않아 나이 지긋한 아저씨가 될 때까지 화해하지 못한 인간인데, 그 어머니도 2년 전에 세상을 떠났다. 아일랜드의 교회에서 열린 장례식에서 배우자는 "이런 음침한 행사는 싫어."라고 구질구질 불평만 늘어놓으며 전혀 단상에 나가지 않았는데, 그 대신 초등학생인 그의 아들이 나가 성서를 낭독했다.

---

41 캡틴 센서블은 펑크 밴드 댐드(the Damned)의 베이시스트인데, 저자와 그의 배우자는 분별력 있는(sensible) 아들의 특징을 드러내는 별명으로 그 이름을 따온 것이다.

예수가 태어난 12월에

연말에 다른 인간들과 무리 지어 술을 마실 기회가 급증하는 것은 딱히 일본에만 해당하는 이야기가 아니다. 영국에는 망년회가 없는 대신 크리스마스 모임, 신년 맞이 모임, 그리고 뭔지 잘 모르겠지만 일단 12월이니까 펍에 모여서 진탕 마시는 모임 등이 있다.

올해 부득이한 사정으로 어쩔 수 없이 단주를 하고 있는 나는 가능한 그런 연회 권유를 거절하고 있는데, 아무래도 거절할 수 없는 인연인 사람들도 있고, "뭐야, 너. 내 초대를 거절하겠다는 거야?"라고 강경하게 나오는 드래그 퀸drag queen[42] 지인들도 있기에 어쩔 수 없이 오렌지주스나 코크Coke(하얀 가루를 말하는 게 아니다. 어디까지나 탄산이 든 음료)를 마시며

---

42 화려한 헤어스타일과 화장에 과장된 의상을 입고 '여성적 이미지'를 연기하는 남성을 가리키는 말이다.

얼굴만 내미는 정도로 참가하는 자리도 있다. 그런데 그런 자리에서 의도치 않게 엿보게 되는 것이 있으니 주당의 어둠이라고 할까, 내가 취했을 때는 결코 눈치채지 못했던 취객이라는 존재가 떠안고 있는 깊디깊은 마음의 어둠이다.

이를테면, 최근 참석한 모 펍에서 열렸던 술자리. 그 펍은 딱히 게이 펍이 아니지만, 단골 중 게이가 꽤 많은 곳이다. 대략 비율을 따져보면 게이와 이성애자가 반반 정도일까. 아무튼 나는 토요일 9시 반쯤 얼굴을 들이밀었는데 펍 내부에서는 이미 무시무시한 정경이 펼쳐지고 있었다.

"내 엄마는 내가 게이라는 걸 알았을 때, 두 번 다시 집에 들어오지 말라고 했어."

"어머, 내 엄마는 내가 게이라는 걸 알자마자 너 같은 건 낳지 말걸 그랬다고 했는걸."

"어렸을 때는 목욕탕에 갇히곤 했는데, 내가 아무리 울고불고 오줌을 싸도 엄마는 자기가 보고 싶은 방송이 끝날 때까지 문을 열어주지 않았어."

"내 아빠는 내가 열두 살 때 나를 죽이려고 했어."

"내 엄마도 나를 죽이려고 했어. 잠자는데 벨트로 목을 조르더라."

이런 대화를 나누는 게이 2인조의 옆을 무심코 지나치는데,

"저기, 어때? 너는 누구를 동정해? 우리 중 누가 더 불쌍하다고 생각해?"

라면서 내 팔을 붙잡았다.

"아니, 처음부터 제대로 듣지 않았는데."

내가 대답했다.

"이렇게 비참하고 충격적이고 끔찍한 우리의 경험담을 듣지 않았다는 말이야? 너는 사람도 아니니?"

G는 호되게 나를 나무랐다.

"네 과거 따위 별로 잔혹하지 않기 때문이야."

옆에서 듣던 B가 말했다.

"뭐라고? 나는 어릴 때 엄마의 여동생한테 강간당했다고."

G가 받아쳤다.

"나는 어릴 때 친아버지가 뒤에서 나를 자동차로 들이받았다고."

B의 말에 이미 완전히 드라마의 가련한 여주인공이 된 G가 분하다는 듯이 울며 절규했다.

"뭐라고? 나는 말이야, 나는 말이지. 내가 부모한테 훨씬 심한 짓을 많이 당했다고오오오!"

아무래도 시끄러워서 견딜 수 없기에 아마추어 불행 자랑 대회를 뒤로하고 총총히 뒷간에 가려 했는데, 이번에는 뒷간으로 이어지는 통로에서 잔소리꾼한테 붙잡혀버렸다.

"거봐, 그 얼굴. 그 얼굴 말이야. 왜 너는 항상 그렇게 슬픈 표정을 짓고 있는 거야?"

갑자기 물어본들 이쪽은 오줌 누고 싶다는 충동을 참느라 그리 상쾌한 표정을 지을 수 없다고. 그보다 이 사람 빨리 통로 한가운데에서 비켜주면 안 될까. 그런 생각을 하는데,

"괴로울 때 괴롭다는 표정을 짓는 건 말이지, 다른 사람이 그 괴로움을 높이 평가해주길 바라서야. 그런 걸 높이 평가받아서 어쩌자는 거야. 괴로운 일을 겪는다고 잘난 사람이 되는 것도 아니고."

라고 미간에 주름을 잡으며 잔소리꾼이 말했다.

"저기, 화장실에 가고 싶은데."

나는 용건을 밝혔다.

"혼자 있고 싶구나. 혼자가 된다고 해서 일이 잘 풀리는 건 아니야. 일단은 웃어야 해. 그러면 괴로운 줄 알았던 일도 그렇지만은 않다고 생각할 수 있게 돼."

그의 말에 따라 나도 살짝 웃어주었지만, 역시나

오줌 누고 싶다는 충동을 그렇지 않다고 생각할 수는
없었다.

"나라고 어릴 때부터 이런 걸 알지는 못했어.
40년을 살아온 뒤에야 알게 됐지."

너 인마, 나랑 동갑이었던 거냐. 겉보기에는 완전
아저씨인데. 나는 그런 생각을 하면서 잔소리꾼을 거
의 밀어내듯이 길을 열어 뒷간에 돌입했다. 실수로 지
리기라도 했다가는 '나라고 젊었을 때부터 오줌을 참
을 줄 알았던 건 아냐. 40년을 살아온 뒤에야 그럴 수
있게 됐지.'라는 등 다시 잔소리를 늘어놓을 게 틀림
없었다.

마침내 개운해진 마음으로 화장실에서 나오니 이
번에는 카운터 쪽에서 "꺄!"라느니 "야아!"라느니 하
는 비명 소리가 들려왔다. 자세히 보니 평소에는 과묵
하고 온순한 K가 카운터 근처에서 날뛰고 있는 것 같
았다.

"나는 그렇지 않다고 했잖아!"

쨍그랑, 데굴데굴데굴, 와르르르, 우당탕, 하는
소리를 내면서 K가 휘두른 팔에 맞아 바닥으로 떨어
진 카운터 위의 물품들이 깨지고, 흩어지고, 어질러지
고, 유리 파편은 반짝반짝 빛났다.

"내가 말하고 싶은 건 그런 게 아니라고!"

얼굴이 새빨개진 K가 외쳤다.

"너, 대체 무슨 말을 하는 건지 전혀 모르겠어!"

카운터 안에 있는 아줌마가 K를 혼냈다.

"너 같은 건 몰라. 아니, 누구도, 내 마음이 어떤지 몰라아아아!"

K는 그렇게 외치면서 이번에는 작은 의자를 들어 카운터 안에 집어던지려 했다.

"그건 그만둬, 안 돼."

가까이 있던 거한인 W가 K의 팔을 붙잡았다.

"방해하지 마, 아무것도 모르는 주제에!"

"그것만은 하지 말라니까."

W는 K의 목덜미를 붙잡고는 펍 밖으로 끌고 나갔다. 밖에서 두 사람이 뒤엉켜 싸우며 내는 듯한 폭력적인 소음이 들려왔다.

"자꾸 모른다고 하는데, 대체 뭘 그렇게 알아달라는 걸까?"

여성 바텐더가 한숨을 내쉬었다.

그렇다. 취객들의 마음속 어둠은 전부 이 말로 축약할 수 있다.

얼마나 부모에게 사랑받지 못하고 자랐는지 경

쟁하는 아마추어 불행 자랑 대회의 참가자도, 자신의 경험에서 얻은 지혜를 남의 인생에도 적용하라고 강요하는 잔소리꾼도, 불행 자랑이나 잔소리를 할 정도로 말주변이 좋지 않아 툭하면 폭력에 기대고 마는 파괴자도, 모두 남들이 자신을 알아주길 바라는 사람들이다. 요컨대 '아, 가여워라.' '현자시로군요.' '얼마나 힘들었니.'라며 주목해주길 바라는 것이다. 나를 우쭈쭈 치켜올려줘, 머리를 쓰다듬으며 한껏 칭찬해줘, 하는 것이다.

아아아아아, 이보다 질척질척하게 이기주의를 싸지를 수 있을까.

사실 이기주의는 좋은 것이다. 자기 자신을 위하며 살아가는 것은 좋은 일이며, 타인에게 의존하거나 생색내거나 남 탓을 하면서 징징거리며 살아가는 것보다는 스스로 자신의 엉덩이에 묻은 오물을 처리하면서 씩씩하게 이기적으로 사는 모습이 훨씬 아름답다. 하지만 주정뱅이의 이기주의란 아무래도 그와 좀 다른 듯하다. 자신의 비참한 이야기만 공감받을 수 있다면 타인의 비참한 과거 따위 알 바 아니다, 자신의 지혜만 인정받을 수 있다면 타인의 방광이 터지든 말든 알 바 아니다, 누구도 알아주지 않는 자신의 마음만 이해받을 수 있다면 펍의 맥주잔 및 재떨이를 일부 혹은 전부 파괴해도 상관없다. 이처럼 나, 나, 나, 나, 나, 나야말로 알파이자 오메가인 것이다. 그렇게 나밖에 존재하지 않으며, 나야말로 마음의 지주이고, 인류는 나의 말씀만을 들어야 한다는, 스스로가 신이라도 된 줄 아는 착각 및 광기, 혹은 유일한 창조주는 사실 이 몸이라는 주의 주장인 것이다.

여기까지 생각한 나는 퍼뜩 떠오른 생각에 놀라서 매우 걱정스러운 마음으로 바텐더에게 태연한 듯 질문했다.

"정말이지 술이란 사람을 달라지게 하네. 나도 취하면 시끄러워지지?"

내 질문에 바텐더가 답해주었다.

"조용하지. 너는 '지금 그 얘기 재미없어.' '어두운 얘기 좀 그만해.' '질렸어.'라고 한 다음에 바로 자버리거든."

과연. 그렇군. 그랬다는 말인가.

내가 맨날 이곳의 술꾼들에게 둘러싸여 술을 마시면서도 제정신을 유지할 수 있는 것은 그야말로 하느님이라도 된 듯한 오만함으로 타인의 비참한 경험담과 설교를 '재미없다'고 아예 머릿속으로 받아들이지 않고, 나야말로 알파이자 오메가라는 전제 아래 주위의 반응 따위 신경 쓰지 않고 취침해버렸기 때문이었다.

　이따금 취했을 때 볼에 잔 받침 자국이 남았다며 주위에서 웃었던 듯한 기억이 어렴풋이 되살아나는데, 내가 엎드려 잤기 때문이었다.

　신이 된 인간의 상대는 마찬가지로 신이 된 인간밖에 할 수 없으니, 나는 일개 소심한 인간 나부랭이에 불과한 맨정신일 때는 결코 신들의 연회에 참석하지 않을 것이다. 그렇게 마음속으로 굳게 맹세했다. 이 몸께서 말이다. 예수가 태어난 12월에.

(2005. 12. 24)

후일담

　이 에세이에 등장하는 펍은 개인이 경영하는 좀 수상하고 더러운 곳이었는데, 장사가 어려워지자 주인이 전국 규모 프랜차이즈 펍(바닥에 깔끔하게 널빤지가 깔리고 창문이 커다래서 맥주보다 와인을 마시는 게 어울리는, 도저히 정이 가지 않는 펍)에 가게를 팔아버렸고, 그 뒤로 오래된 단골은 그곳을 가까이 하지 않게 되었다. 덥수룩하게 수염을 기른 힙스터가 맥북인지 뭔지를 열고 거만하게 키보드를 두들기며 맥주를 마시는 모습을 보면 술은 그렇게 마시는 게 아니라고 잔소리가 하고 싶어진다.

　참고로 애플의 제품은 영국에서 부자의 상징이다. 비싸니까. 휴대전화도 아이폰을 가진 사람은 중산층이라는 인상이 강하다. 자고로 노동자 계급에게는 싸고 순박하고 튼튼한 마이크로소프트 윈도우다. BBC의 서민 드라마 「이스트엔더스EastEnders」만 봐도 아이폰을 사용하는 등장인물은 없다(아직까지는).

　'펍의 젠트리피케이션' 문제는 최근 들어 정말로 심각하다. 맥주 소비량이 감소할 만도 하다. 점점 가고 싶은 펍이 사라지고 있으니까.

"브라질인 친구"라는 호칭으로 가끔 이 책에 등장한 내 친구는 언급될 때마다 대체로, 아니, 항상 술마시며 불만을 늘어놓든지 만취해서 미친 듯이 춤추는 등 생각해보면 나도 참으로 그를 무례하게만 묘사했는데, 사실 친구는 마흔두 살임에도 '나 스물일곱이야.'라는 사기가 통할 만큼 괴물급의 섹시 미녀다. 최근 몇 년 동안 친구에게는 어째서 저렇게 좋은 여자한테 저토록 눈사태처럼 고생이 닥쳐야 하는 걸까 이해할 수 없는 일이 연달아 일어났는데, 짐작건대 친구는 미녀이면서 미녀다운 성격으로 태어나지 않았다는, 악연 및 악운이 달라붙기 쉬운 고생스러운 자질을 타고난 것 같다.

이를테면 오늘도 친구와 거리의 카페에서 만났는데(최근 술을 마시지 못하기에 나는 펍이 아니라 카페라는 곳에 자주 드나들고 있다. 한심하기 그지없게도), 친구는 문을 열고 들어오자마자 "레드와인 한 잔."이라며 마치 선술집 아주머니한테 주문하는 아저씨 같은 말투로 카운터의 청년에게 말을 걸고는 앉아서 타블로이드 신문을 읽고 있는 내게 다가왔다.

"헬로, 잘 지냈어?" "응, 그렇지 뭐." 하는 대화를 나누는 사이에 친구는 의자에 앉으며 어깨에 멨던 커다란 숄더백을 무릎 위에 올려놓고 부스럭부스럭 무언가를 찾기 시작했다.

현재 친구는 베이비시터, 살사와 삼바 교실의 강사, 웨이트리스라는 세 가지 일을 병행하기에 커다란 가방에 갈아입을 옷과 신발과 수건과 기타 등등을 넣고 다닌다.

"분명히 넣었는데."

그렇게 말하면서 찾던 손을 멈춘 친구는 꾸미지 않은 듯 멋진 곱슬곱슬한 갈색 머리카락을 쓸어올리는가 싶더니 갑자기 양손을 머리카락 속으로 쑥 집어넣고 두피를 박박 긁기 시작했다.

"아, 가려워."

"왜 그래?"

"돌보는 애들이 학교에서 이를 옮았나 봐. 요즘 따뜻해졌잖아. 이가 벌써 나온 거 아닐까."

환상 속의 영국식 정원을 동경하는 여러분에게는

대단히 송구한 이야기지만, 학교를 다니는 영국 어린이들의 머리에는 이가 살고 있다. 그래서 날이 따뜻해지면 이 나라 어머님들의 가장 큰 고민거리가 된다고 한다. 돌이켜보면 예전에 내가 일했던 일본계 기업 주재원의 사모님 중에는 아이의 머리카락 속에서 이를 발견하고 실신한 사람이 있었다. 실은 불결하다고, 대영제국이란. 엄밀히 말해 일본처럼 살균한 듯한 거주 환경을 갖춘 나라가 세계적으로 드물지만.

"아, 맞다. 여기에 넣었을지도."

갑자기 무언가가 번뜩 생각난 듯 표정이 밝아진 친구는 머리를 박박 긁는 것을 멈추고 청바지 호주머니에서 고무줄을 꺼내어 뒤통수에 대충 머리카락을 묶어 고정했다.

"따뜻해지면 그것대로 큰일이 있네."

"별수 없어. 애들도 부모도 사람은 좋으니까, 그것만으로도 행운이라고 생각해야지."

그것만으로도 행운이라고 생각해야지. 이 말은 친구의 말버릇이다.

영국인 남편이 애인과 눈이 맞아 집에서 나갔지만, 좋아하는 보사노바 CD는 두고 갔으니 행운이다. 회사에서 잘렸지만, 해고된 게 회계연도의 중반쯤이라 세금이 조금이나마 환급되어서 행운이다. 자전거를 타다 팔이 부러졌지만, 한 팔만 다쳤으니 행운이다. 집주인이 집에서 나가라고 했지만, 유예 기간을 2주 줘서 행운이다.

아니, 그건 별로 행운이 아닌 거 같은데, 하고 말해주고 싶은 상황에서도 친구가 싱긋 웃으면서 행운이라고 말하면 정말로 그런 것 같은 느낌이 든다. 혹시 친구의 미소가 너무나 아름다운 탓에 신마저도 '어째 저 사람 너무 운이 좋은가 본대.'라고 착각해서 차례차례 불행한 일을 일으키는 게 아닐까.

그런 생각을 하는데 친구의 휴대전화로 전화가 걸려왔다.

"헬로."라며 영어로 전화를 받은 친구가 갑자기 포르투갈어로 무언가를 강하게 이야기했다. 그리고 커다란 가방을 다시 무릎 위에 올리더니 수첩을 꺼내서 무언가 적으며 전화를 끊었다.

"파트리시아였어."

친구가 말했다. 파트리시아란 최근 영국으로 건너온 어린 브라질인 여자애다.

"지금 사는 단칸방이 너무 별로야. 온수는 안 나오는데, 쥐는 나오고. 새 방을 찾기로 했어."

너무 별로인 단칸방이란 내 친구의 방을 가리키는 것이 아니다. 파트리시아라는 여자애의 방이다. 활짝 펼쳐진 친구의 수첩에는 여전히 일정이 빼곡하게 적혀 있었다. 세 가지 돈벌이만으로도 충분히 바쁜데, 친구는 언제나 타인의 일로 분주했다.

영국에 건너온 직후라 영어도 제대로 못 하는 브라질인 젊은이들을 데리고 부동산으로, 병원으로, 영어학교와 칼리지 사무실로, 치과로, 직업소개소로.

영국에 사는 일본인 중에는 영국에 갓 건너온 일본인들을 돕는 것이 직업인 사람도 있는데, 그런 사람들은 각종 알선업자 혹은 통역업자라고 불린다. 하지만 내 친구의 경우에는 당연하지만 전부 무료로 하는 자원봉사다. 다른 사람이 잘되길 바라며 동쪽으로 서쪽으로 바쁘게 뛰어다닌들 겨우 찾아낸 다정함 따위 너무나 간단히 시들어버려. 이렇게 노래한 사람은 이즈미야 시게루泉谷 しげる[43]였는데, 내 친구가 돌봐준 젊은이들 역시 귀국하거나 이사하면 애초에 내 친구 같은 사람이 존재하지 않았다는 듯이 까맣게 잊어버린다. 그럼에도 불구하고 내 친구는 춘하추동 타인을 위해 발바닥에 땀이 나게 뛰어다닌다.

"너도 참, 진짜 바보다."

---

43 일본의 싱어송라이터, 배우. 그 외에 만화가, 성우, 화가로도 활동했다.

내가 술김에 몇 차례 그렇게 말했지만, 친구는 그럴 때마다 크게 웃었다.

"내가 영국에 왔을 때, 아무리 힘들어도 도와주는 사람이 없었어. 그래서 나는 젊은 애들을 도와주고 싶어. 그게 예전에 나를 도와주지 않았던 사람들에게 하는 복수야."

친구는 그렇게 이해하기도 힘든 말을 하거나,

"나를 필요로 하는 타인으로 스스로의 존재 가치를 확인해야 살아갈 수 있는 걸까? 나도 참 자기 자신에게 자신감이 없는 불쌍한 여자야."

라고 엉덩이를 흔들흔들 삼바를 추면서 냉정하게 자기 분석을 한 적도 있는데, 곁에서 바라본 내 생각에 친구의 문제는 다른 것이다.

보통 박복한 미녀란 습기가 가득해 눅눅한 좁다란 다다미방 같은(이건 일본 버전), 혹은 펍 2층의 언제 세탁했는지 불분명한 싸구려 침대 시트 같은(이건 영국 버전) 축축하고 어두운 분위기를 풍겨서 사람들로부터 동정을 받게 마련이다. 하지만 친구는 아무리 불행한 상황에 처해도 하느님조차 착각할 멋진 미소를 머금고 "행운"이라 말하고, 마치 에로의 화신 같은 색기를 발산하며 춤추는 라틴 댄스의 명수에, 미인이니 점잔 빼며 앉아 있어도 상관없건만 굳이 타인을 위해 머리카락을 흩날리고 이까지 옮으면서 분주히 뛰어다닌다.

그 때문에 그는 강인하고 행복한 사람처럼 보인다. 그만 기대고 싶어진다. 그래서 젊은이들도, 남자들도, 맘껏 친구에게 기대며 이용하는 것이다. 보통 이런 식으로 남들이 기대는 사람은 "싫어."라고 못 하는 탓에 타인에게 질질 이용당하는데, 그렇게 거절하지 못하고 좋은 사람 행세를 계속하다 머지않아 인내심의 한계에 도달하여 "까불지 마, 이것들아!"라고 일갈하고 좋은 사람에서 평범한 사람으로 전직하게 마련이다. 하지만 내 친구의 경우에는 성가시게도 그렇게 되지 않았다.

왜냐하면 그는 정말로 열정이 넘치는 사람이기 때문이다.

일단 부탁을 받으면 친구에게 승낙할지 거절할지는 중요한 문제가 아니다. 머리로 생각하기에 앞서 몸이 멋대로 움직이는 것이다.

다시 말해 미녀로만 있기에는 너무 뜨거운 사람이다. 내 친구는.

그래서 오늘도 대낮부터 레드와인 세 잔을 급하게 마시고는 입원 중인 전 남편의 어머니에게 갈아입을 옷을 전해주러 갔다. 그런 일을 해봤자 아무도 고마워하지 않는다. 전 남편의 어머니만 해도 알츠하이머가 진행되어 친구가 누구인지조차 모른다. 하지만 더러운 잠옷을 입은 채 NHS의 병원 침대에 누워 있을 전 시어머니를 상상하면 아무래도 그냥 둘 수 없다며 친구는 병원으로 간다.

친구는 "그럼, 다음에 전화할게."라고 일어나면서 다시 지나치게 커다란 천 가방을 어깨에 멨다. 세월의 흔적이 많이 남은 가방이었다. 여기저기 헐었고 실밥도 칠칠치 못하게 풀어진 데다 원래 무슨 색이었는지도 불분명할 만큼 꼬질꼬질하게 변색되어 있었다.

한없이 흑자색에 가까운 회색.

그 가방만 해도 미녀가 갖고 다닐 만한 것이 아니었다.

자기를 버리고 다른 여자한테 도망간 남자의 어머니에게 잠옷 따위 사줄 돈이 있다면, 우선 그 가방부터 어떻게 하라고.

우리는 카페 앞에서 서로의 뺨에 키스해주고 헤어졌다.

횡단보도를 건너는 친구의 등에 봄날의 밝은 햇살이 닿으니 스포트라이트의 빛이라도 받은 것처럼 흑자색 가방의 꼬질꼬질함과 꼴사나움이 더욱더 뚜렷하게 드러났다.

그것은 정말이지, 가슴이 미어지다 못해 아플 만큼 눈부시게 아름다운 광경이었다.

후일담

이 글에 등장하는 브라질인 친구는 그 후에 한참 어린 덴마크인 청년에게 반해서 사귀기 시작했고, 그의 귀국에 맞춰 덴마크로 이주했다. 20대 청년과 사랑에 빠졌다는 발칙하기 그지없는 사태를 처음 알았을 때 나는 친구에게 "변태" "마돈나"라고 마구 욕을 퍼부었는데, 외려 더욱더 요염하게 젊어진 친구는 행복해 보였다. 마지막으로 만난 게 7년 전이었나. 친구는 덴마크에서도 살사를 추고 있었다. 음주가 지나쳐서 간이 망가졌다며 오렌지주스를 마셨다. 남 일이 아니라고 생각했다.

어머니의 날 추천 도서

"사상 최강의 폭소 엄마 호러."

쇼노 요리코笙野 頼子[44]의 소설집 『어머니의 발달』[45] 띠지에 이런 문구가 쓰여 있었는데, '엄마 호러'라는 말에 내가 먼저 떠올리는 것은 모리 신이치森 進一의 노래 「어머니おふくろさん」다.

"어머니여, 어머니. 하늘을 올려다보면 하늘에 있지. 비가 오는 날에는 우산이 되고"라며 하늘 전체를 뒤덮은 거대한 어머니의 얼굴과 우산을 펼치자마자 머리 위에 크게 나타나 깔깔거리는 어머니의 얼굴 같은 무섭기 그지없는 장면을 머릿속으로 그리게 만들고는 갑자기 "너도 언젠가느은, 이 세에사앙의, 우산

---

44 일본의 소설가. 급진적인 정치성을 드러내며 사소설과 환상소설을 넘나드는 과격한 작품으로 유명하다.
45 『母の発達』河出文庫 1999.

이 되라고오오오오오오, 가르쳐주었다아아아아아아"
라고 땅속에서 울리는 듯이 절규하며 절정으로 치닫
는데, 아이고오오오오오, 요, 용서해주세요오오오
오, 하고 이불을 뒤집어쓰고 부들부들 떠는 사람이
과연 나쁜일까. 어머니의 저주. 그 노래에는 이 말이
딱 맞는다.

그런데 모리 신이치는 우메즈 가즈오[46]의 공포
만화처럼 노래를 전개해놓고서는 "당신의, 당신의, 진
실, 잊지 않을 거야아아아"라고 목소리를 떨면서 일개
평범한 어머니가 이 세상의 진실, 즉, 진리를 체현하는
양 얼렁뚱땅 어머니를 신격화하려고 한다. "일본에는
서양과 같은 '아버지 신'이라는 개념이 뿌리내리지 않
았다. 일본인은 결국 '어머니 신'밖에 신앙하지 못하는
것이다."라고 쓴 사람은 엔도 슈사쿠[47]였는데, 하늘
을 뒤덮을 만큼 거대해지는 등 자유자재로 모습을 바
꾸는 저주의 괴물인 동시에 신앙의 대상이기도 한 일
본의 어머니란 대체 얼마나 강대한 무적의 존재라는
말인가.

---

46 일본의 만화가. 1960~70년대에 활발히 활동한 공포만화의 거장이다.
47 일본의 소설가로 일본 현대 문학에 막대한 영향을 끼치며 노벨 문학상
후보에도 올랐다. 기독교를 주제로 한 여러 작품을 집필했다.

생각해보면 일본의 어머니를 이토록 강력한 존재로 만든 것은 남성이다. 일본인과도 비일본인과도 살림을 꾸려본 적 있는 경험에서 말하면, 일본의 남성들은 한결같이 엄마(물리적인 엄마가 아니라 어머니에 해당하는 존재라는 의미)를 좋아한다. 전혀 그렇게 보이지 않는 사람일수록 좀 알기 어렵게 표현할 뿐 그런 경향이 강하다. 그 때문에 일본의 여성들은 '어머니라는 개념 및 이미지'에 부당하게 얽매여서 억압을 받는데, 머지않아 실은 얽매인 채 사는 것이 편하다는 사실을 깨닫고 스스로 '나는 어머니'라는 자리에 책상다리를 하고 앉게 된다. 그러면 남성은 무릇 어머니는 편하게 해주고 아껴줘야 한다는 오래된 통념대로 어머니가 되어준 여성 대신 혼자서 악착같이 노력하며 일하는데, 결국에는 그 역시 자신을 스스로 옭아매고 억압하는 것이다. 어머니의 저주. 그리하여 모리 신이치의 소름 끼치는 세계가 완성되는 것이다.

쇼노 요리코의 『어머니의 발달』은 「어머니의 축소」 「어머니의 발달」 「어머니의 대회전 군무」라는 세 작품으로 구성되어 있는데, 주인공 여성은 목숨을 걸고 어머니의 저주에 맞서 어머니를 죽이고, 해체하고, 재구축하려고 한다. 하지만 어머니는 죽여도 죽지 않는다. 그러기는커녕 인육을 먹고 무수한 모충母蟲으로 늘어나고, 피날레에서는 줄줄이 늘어서서 대회전 군무 따위를 추기 시작한다. 완벽하게 패배한 주인공은 "엄마, 나는 이제 평생 어머니로 살고 어머니로 죽을게."라는 말을 남기고 허무하게 죽어간다. 정말이지 어둡고 애처롭고 절망적인 이야기다.

이 책의 대단한 점은 그 '애처로움과 절망'을 눈부신 말장난을 이용해 '절벽 끝의 폭소'라고 칭하고 싶어지는 자포자기의 유머로 바꾼다는 것이다. 이를테면 일본어의 50가지 소리로 분열한 어머니를 주인공이 불러내는 장면은 압권이라고 할 수밖에 없다.

'타た'는 '너구리'의 어머니였다.[48] 변신해서 타나토스의 어머니가 되었다.
'치ち'는 '작은' 어머니였다.[49] 원자핵보다 작았다. 위험했다.
'쓰つ'는 『죄와 벌』의 어머니였다.[50] "너, 입다물고 있으면 아무도 모르잖니. 그대로 도

---

48 일본어로 너구리는 '타누키(たぬき)'라 한다. 일본 설화에서 너구리는 변신에 능한 동물이다.
49 일본어로 '작은'은 '치사이(小さい)'라 한다.
50 일본어로 '죄'는 '쓰미(つみ)'라 한다.

망치면 돼."라고 라스콜니코프에게 말했다.
(…)
'루ろ'는 45명 있었다. 평생 '루'인 채 구사노 신페이의 시집에 붙잡혀 개구리의 알 역할이나 하다가 끝났다. 저기, 구사노 신페이의 시 중에 있지 않은가. "루루루루루루루루루루루루ろろろろろろろろろろろ"라 쓰인 것이.[51] 알고 있나? 호오, 당신도 아는구먼.
'레れ'는 '연립정권'의 어머니였다.[52] 별 이야기가 없다는 점이 핵심이었다.

문예文藝를 '문장文章으로 하는 예술藝術'이라고 해석하면 『어머니의 발달』은 문예의 극치에 도달했다고 할 수 있을 것이다. 말 그 자체가, 오직 말만이, 말이 스스로 반짝반짝 빛나고 웃고 울부짖는다. 그 외에 귀찮은 것 따위는 개의치 않는다. 정통파인 것이다. 그런 의미로는 『낸시 세키의 기억 스케치 아카데미』[53]와 더불어 불단에 모셔두고 아침저녁으로 기도를 올리고 싶은, 그런 책이다.

---

51 일본어 '루(ろ)'의 모양은 개구리의 알과 닮았다고 한다.
52 일본어로 '연립'은 '렌리쓰(れんりつ)'라고 한다.

불단 같은 오싹한 물건 따위 우리 집에 없지만.

(2006. 5. 11)

53 ナンシー 関, 『ナンシー関の記憶スケッチアカデミー』 カタログハウス ス 2000. 낸시 세키는 일본의 만화가, 칼럼니스트로 1990년대에 큰 인기를 얻었지만 2002년 심부전으로 사망했다. 이 책은 독자들이 '사마귀' '원숭이' '불상' 등 다양한 주제를 오로지 기억에 의존해 그림으로 그려 응모하면, 낸시 세키가 그중 일부를 골라 촌철살인의 의견을 덧붙이는 구성으로 이루어져 있다. 엉뚱한 그림이 폭소를 일으키는 한편 인간 기억의 불분명함을 흥미진진하게 보여준다.

4장 _____ 10년 후[1]

---

1 4장의 글들은 3장까지 실린 글들보다 약 10년 뒤에 쓰였다.

연애와 PC

"섹스에는 기분 좋은 섹스랑 가슴이 미어지는 섹스가 있어."

이렇게 말한 사람은 나보다 스무 살 넘게 어린 친구였다.

"아아, 그래도 섹스할 때마다 가슴이 미어지면 일상생활을 못 하잖아. 일도 제대로 못 하니까 그건 건강한 게 아냐."

내 말을 친구가 얼마나 진지하게 들었는지는 알수 없지만, 그는 그때 이미 처자식이 있는 남성과 세기의 사랑에 빠져 있었다. 죽느니 사느니 하고 큰 소란을 일으켜 입원까지 한 끝에 겨우 심신의 안정을 되찾아 최근 다시 함께 술을 마실 수 있게 되었다.

덤프트럭 운전사라는 마초스러운 직업을 가진 내배우자는 어째서인지 게이 친구가 많다. 이는 아직까지 동성애자를 향한 '가벼운 편견'이 뿌리 깊게 만연한 백인 노동자 계급에서는 드문 일인데, 그런 배우자도 모든 LGBTQ[2]에 열려 있는 것은 아니고 딱 한 가지 받아들이지 못하는 범주가 있다고 했다.

"나는 게이 녀석들이 우리랑 하나도 다르지 않다고 생각하는데, 바이섹슈얼은 절대 용납할 수 없어."

"왜?"

내 질문에 배우자가 답했다.

"뭐랄까, 녀석들은 치사하게 나보다 인생을 두 배는 즐기는 거 같아."

어린이집에서 함께 일했던 그 게이 친구가 사랑에 빠진 상대방이 배우자의 말대로 '인생을 두 배로 즐기는 사람'이었는지, 아니면 친구의 말대로 '진정한 자신을 숨기고 사는 사람'이었는지는 모른다.

친구가 반한 남자란, 무슬림이었기 때문이다.

친구가 상대의 사진을 오랫동안 휴대전화의 배경화면으로 해두었던 탓에 나도 그 용모를 직접 볼 수 있었는데, 얼굴 생김새가 인상적인 파키스탄 계통의

---

2 레즈비언, 게이, 바이섹슈얼, 트랜스젠더, 퀘스처닝(자신의 성 정체성에 의문을 품은 사람)을 가리키는 말이다.

미남이었다.

사랑 탓에 홀쭉하게 야윈 친구를 보면서 역시 섹스 같은 건 평범하게 기분 좋은 선에서 멈추는 게 무난하지 않을까 생각했다.

"누구나 평생에 한 번 정도는 그런 일을 겪는 법이야."

"그래?"

"뭐, 요즘에는 안 겪는 사람도 있을지 모르지만. 그래도 나 정도로 아줌마가 되면 그런 괴로운 경험조차도 겪어서 다행이었다고 할지, 관 속까지 가져갈 에로틱한 일을 겪어서 다행이야, 하고 밝은 기분으로 떠올릴 수 있거든. 그러면 인간이 늙는다는 게 이런 거구나, 정확히는 사람이 죽을 때가 다가오는 것이구나, 하고 현실적으로 느껴지기도 해."

"무슨 소리야. 50년은 우습게 더 살 거야. 일본인은 보통 백 살은 사는 거 같던데."

"백 살은 무슨. 술을 이렇게 마시는데."

그처럼 시시껄렁한 이야기를 나누는데 백인 청년과 동양인 청년으로 이루어진 멋스러운 커플이 손을 잡고 바에 들어왔다.

우리가 자리한 게이 동네의 세련된 바에는 얼핏 봐도 비싼 옷을 입은 힙하고 핫한 젊은이들이 가득했다. 지난 5월의 총선거에서 브라이턴 앤드 호브의 선거구 중 단 한 곳에서만 보수당이 승리했는데, 바로 이곳 게이 동네였다. 우리가 자리한 바에는 그런 사실을 떠올리게 하는 고급스러운 느낌이 흘러넘쳤다. 하지만 정면 안쪽의 벽에는 어째서인지 거대한 조니 로튼의 초상화가 걸려 있어서 나 같은 가난한 아줌마까지 어울리는 곳이 아니라는 걸 알면서도 오는 곳이다.

누가 봐도 금실 좋은 듯한, 끈적끈적하게 꼭 붙어 있는 백인과 동양인 커플을 가만히 바라보던 친구가 말했다.

"이슬람교는 정말 거지 같은 종교야."

"안 돼, 안 돼, 안 돼, 요즘 그런 말을 했다가는 PC political correctness, 정치적 올바름 면에서 이래저래 위험해."

내 충고에 친구가 말했다.

"연애에는 PC도 뭣도 상관없어."

어째서 사람은 사랑 때문에 머릿속이 이상해지면 명언 제조기가 되는 걸까. 그런 생각을 하며 나는 말했다.

"하지만 기독교도 게이는 인정하지 않으니까 딱히 이슬람교만 문제인 건 아냐."

"그래도 기독교는 신자들이 전부 진심으로 믿지는 않잖아."

"믿고 안 믿고는 제쳐두고, 가르침을 그대로 실천하는 사람은 거의 없긴 하지."

"하지만 이슬람교는 실천을 강요해."

"…"

"이슬람교에서 종교를 믿는다는 건 가르침대로 산다는 것과 같은 의미야."

"아니, 기독교도 오래전에는 그랬다고 생각해. 지금은 풍화되었다고 할까, 대충대충 하고 있지만."

"그래도 그 대충대충이라는 점이 좋지 않아?"

통음痛飮. 본래 이 단어의 뜻은 술을 매우 많이 마시는 것이었을 텐데, 친구는 글자 그대로 어딘가 아픈 듯한 표정으로 술을 마셨다.

"서양문화란 갈수록 대충대충 하는 거야. 하지만 그들은 결코 대충대충 하지 않아. 이것이냐, 저것이냐, 무조건 둘 중 하나를 선택해야 해. 그런 건 원시적이야. 이것도, 저것도, 있을 수 있어. 그런 사고방식도 있잖아."

뭔가 철학적인 말 같지만, 요컨대 친구는 자신을 버린 남자와 그 아내와 자신의 관계에 관해 말하는 모양이었다.

"하지만 '이것도, 저것도, 있을 수 있어.'라는 게 모든 사람을 행복하게 해줄지는 알 수 없으니까. 그에게는 이슬람교의 규범 밖으로 나가지 않는 게 행복일 수도 있어."

"…나는 그렇게 생각하지 않아."

그렇게 말한 친구는 갑자기 구역질이 나는지 화장실로 뛰어갔다.

멍하니 카운터 쪽을 보는데, 아까 보았던 멋스러운 백인과 동양인 커플이 노골적으로 끈적끈적하게 서로를 바라보며 귓가에 무언가 속삭이고 있었다.

그들을 뚫어지게 바라보는 내게 동양인 청년이 뜻 모를 말을 건넸다. 어딘가 한국어 같았는데, 뜻을 전혀 알 수 없었다.

"미안, 나는 일본인이에요."

내 말에 동양인 청년이 영어로,

"헤이, 미안해하지 마요. 일본인은 쿨해."

라고 말하기에 이유는 모르겠지만 나는 반사적으로

"고마워!"

라고 감사를 전했다.

마치 향수 광고에 등장하는 모델 같은 백인과 동양인 게이 커플 옆으로 창백해진 친구의 얼굴이 나타났다. 화장실에서 잔뜩 토한 듯했다. 그런 냄새가 났다.

"슬슬 갈까."

내 말에 친구가 힘없이 고개를 끄덕였다.

유리문을 열고 밖으로 나오자 해변에 자리한 가게답게 바람이 씽씽 강하게 불어댔다.

"겨울이네, 겨울, 아하하하."

내 말에 친구가 중얼거렸다.

"퍼킹 무슬림."

"그런 말을 하면 큰일 난다니까."

내 충고에 친구가 다시 말했다.

"연애에는 PC도 뭣도 상관없어."

그렇게 우리의 대화는 다시 출발점으로 돌아갔다.

아름다운 파키스탄인 남성과 사랑에 빠졌다 실연하여 통음한 끝에 길가에서 토하는 호리호리한 영국인 청년의 등을 저 멀리 돈코쓰 라멘[3]의 고장에서 건너온 아줌마가 문질렀다.

민간 교류란, 바로 이런 것 아닐까.

(『ele-king』 2015년 연말호)

---

3 돼지 뼈로 육수를 내는 돈코쓰 라멘은 저자의 고향인 후쿠오카의 명물이다.

숙취의 베테랑

  사람이 이만큼 나이를 먹었으면 슬슬 무언가의 베테랑으로 불려도 좋을 텐데, 타고나길 진득하지 않고 실실거리는 나는 무엇 하나 갈고닦은 것이 없어서 젊은 시절부터 일관되게 해온 일, 혹은 이제는 눈을 감고도 해낼 수 있는 일 같은 특수 기능이 전혀 없다.

  그래서 나는 아직까지 무언가를 하려면 요령을 몰라서 방법을 친절히 보여주는 영상을 유튜브에서 검색하거나 '정말로 이러면 되는 걸까?'라는 커다란 의문을 품은 채 불안불안하게 무작정 덤비는 초보자가 되곤 하는데, 집필 활동 같은 것이 바로 그런 일의 전형적인 사례 중 하나다.

  그렇지만 곰곰이 생각해보면 내게도 평범한 사람들보다 풍부하게 경험한 일이 없지는 않은 것 같다. 솔직히 말해서, 딱 하나 있다. 그 일은 꽤 자신 있다. 그거라면 문제없다.

바로 숙취다.

매일 술을 마시는 나는 오전까지 취해 있는 날도 드물지 않고 특히 잉글랜드의 추운 겨울 아침에 지끈 거리는 머리를 부여잡고 출근한 경험도 많은 탓에 머지않아 두통이 일상이 되었는데, 어쩌다 머리가 맑고 통증이 느껴지지 않으면 매사를 지나치게 낙천적으로 생각해서 안 돼, 안 돼, 인간이 이렇게 행복하고 긍정적으로 있으면 망해, 하고 무서워져서 다시 술이 마시고 싶어진다.

그런데 잘 생각해보면 술에 관해 나는 젊은 시절에 더 베테랑이었던 것 같기도 하다. 내가 지금 같은 술꾼이 된 것 역시 아마도 시작은 젊은 날의 가벼운 음주였던 것 같다.

나는 사실 좀처럼 술에 취하지 않고 숙취도 없는 인간이었던 것이다.

물장사 업계에서 아르바이트를 했던 시절에는 영국에 유학할 돈을 모으기 위해 두 가게에서 연달아 여덟 시간을 마시기도 했는데, 저쪽 자리에서 술병을 비우고 이쪽 자리에서 계속 술을 주문해도 전혀 취기가 돌지 않아서 손님이 "안 마시고 버리는 거지?"라고 의심한 게 한두 번이 아니었다.

취하지 않은 것만이 아니었다. 나는 숙취도 겪지

않았었다. 내 간은 강철 요새였던 것일까 아직도 생각하는데, 세월이 흐르며 그 요새도 노후화한 것이 틀림없다. 최근 몇 년 동안은 밤에 술을 약간 많이 마시면 이튿날 아침 지독한 두통에 시달리게 되었다.

내가 숙취를 겪으며 떠올리는 것은 아버지의 젊은 시절 모습이다.

내가 밤마다 술을 마시는 것도 실은 아버지가 매일 저녁 반주를 마시는 인간이었기 때문이다. 배우자가 "매일 마시는 걸 그만두지 않으면 큰일 날 거야."라고 잔소리할 때마다 나는 '내 아버지도 매일 마셨지만 70대인 지금도 엄청 건강해.'라고 생각하는데, 실은 내 아버지도 젊었을 때는 격렬한 숙취로 고생한 적이 있었다.

그의 경우에는 토건업에 종사했기 때문에 동료들 사이에서 무언가 축하할 일이나 망년회 등이 있을 때마다 마셨고, 그럴 때 그들의 주량은 세간의 일반적인 상식으로는 가늠할 수 없는 영역에 도달했다. 나는 어린 시절부터 방바닥에 됫병이 굴러다니는 정경을 목격해왔는데, 그처럼 큰 술잔치가 벌어진 이튿날이면 내 아버지는 꼭 방에 드러누워 있었다. 정확히 말해 누워서 잠잔 것은 아니고, 연신 좌우로 구르며 이불 위에서 몸부림쳤다.

그러면 또 무슨 터무니없는 짓을 하는지, 젊은 시절의 내 어머니는 취하면 여기저기에 침을 뱉는 사람이라면서 아버지의 얼굴을 수건으로 묶어 대야에 고정해버리는 비인도적이기 그지없는 처사를 했다. 아버지가 대야 속에서 "우웩." "아이고." "아빠 죽는다." 라고 우물거리는 소리를 내면 나는 수건을 풀어서 구출해주고 싶었지만, 그렇게 하면 어머니가 또 "쓸데없는 짓을 하고 그러니."라고 화내면서 잽싸게 대야에 아버지의 얼굴을 동여맸다.

　　그런고로 방바닥에 깔린 얇은 이불 위에서 얼굴이 대야에 꽉 고정된 채 왼쪽 오른쪽으로 굴러다니는 아버지의 모습을 나는 항상 방구석에서 색칠 놀이 같은 걸 하며 바라보았다. "엑, 아이고, 퉤, 퉤." 하며 대야에 침을 뱉었다가 몸을 뒤척이면서 순간적으로 똑바로 눕는 바람에 자신이 뱉은 침이 얼굴에 떨어져 "우, 우와아아아아, 와아아아악."이라고 소리치고 다시 옆으로 돌아누워서 얌전해졌나 싶다가 "우엑, 퉤, 퉤, 퉤."를 했다가 몸을 뒤척이면서 "욱, 우아아아아." 라고 외치는 것을 끝없이 반복하는 모습은 어린이 마음에 몹시 이상하고 무섭게 보였고, 사람에게 이런 재해를 일으키는 술이란 세상 모든 악의 근원이 틀림없다고 생각했다.

지금 돌이켜보면 어머니는 때때로 부엌에서 방을 들여다보고 "퉤, 퉤." "우와아아아아." 하면서 몸부림치는 아버지를 향해 "멍청하기는."이라고 재미있다는 듯이 웃었는데, 자신이 술을 한 방울도 마시지 못하는 사람이라 그런지 숙취에 빠진 인간의 고통을 코미디로밖에 이해하지 못했다.

　　그렇지만 그로부터 10년 정도 뒤에는 어머니도 술의 맛을 알게 되었다. 맛을 알았다고 해도 어렸을 때부터 적응해온 것은 아닌 탓에 엄청나게 술에 약했고, 직장 동료와 마시고 돌아오면 현관 앞에 쓰러져 엎드린 채로 바위처럼 꼼짝도 하지 않았다. 걱정한 아버지가 밖에 나가면 어머니는 "멍청한 놈!" "전부 네 탓이야!" "죽어버려."라고 기운 넘치게 욕을 했고, 아버지도 반격에 나서 "여자가 이렇게 되도록 술 마시지 말라고!"라고 마초스럽게 소리쳤지만, 어머니는 "당신도 젊을 때 내가 대야에 묶어둘 만큼 마셨잖아!"라고 약점을 찔렀고, 그 탓에 더욱 분노한 아버지는 "똑같이 당해볼래?"라고 위협했다. 하지만 나는 아버지가 어머니의 얼굴을 대야에 묶는 것은 본 적이 없다. 현관 앞에 쭈그리고 있는 어머니를 "그런 데서 자면 감기 걸리잖아."라면서 반드시 침실까지 데려다준 사람도 아버지였고, "나한테 뭘 하려는 거야!"라고 소리치는 어머니에게 "아무것도 안 해. 이렇게 술 취한 사람한테 뭘 해."라면서 이불 위에 눕힌 것도 아버지다. 하지만 어머니가 얌전히 잠들지 않고 느닷없이 엉엉 시끄럽게 울어대는 바람에 아버지는 거실의 난로 옆에서 자고는 했다.

"확실히 우리 부모는 '막장'이었지. 요즘 말로 하면."

내 여동생이 그렇게 증언한 대로 아버지와 어머니는 어린 나이에 아이를 낳았고 시간차는 있었지만 각자의 인생에서 몹시 술에 취한 시기가 있었다.

마시지 않고는, 참을 수 없었겠지.

그래서 '브로큰 브리튼broken britain'[4] 같은 말이 유행하는 오늘날, 양식 있는 시민이라면 한 손에 캔 맥주를 들고 유아차를 밀면서 빈민가를 돌아다니는 젊은 언니들과 대낮부터 불콰한 얼굴로 펍에서 나와 '퍽'을 입에 달고 거리를 배회하는 바지에 페인트가 묻은 노동자 형씨들을 차가운 시선으로 보고 미간에 주름을 잡으며 '대체 나라 꼴이 어떻게 된 거야.'라고 경

---

4 영국 보수당이 노동당의 고든 브라운 총리가 집권한 2007년에서 2010년 사이 영국 사회에 계층을 막론하고 부패가 만연해졌다며 사용한 말이다. 이 구호를 앞세워 보수당은 정권 교체에 성공했다.

멸해야 한다는 모양이지만, 나는 아무래도 아직 양식이 부족한지 남몰래 작게 힘내, 하고 속삭이고 마는 영국 사회에 유해한 독이자 사탄이다.

내가 살아가는 도시에는 숙취의 베테랑들이 많이 살고 있다.

내가 자랐던 도시에도 많이 살고 있었다.

이 베테랑 업계는 세계화 따위 하지 않아도 보편적universal이다.

(새로 씀 2017. 1)

오를 수 없는 괴이한 나선 계단

얼마 전, 옆집 아들과 펍에서 술을 마셨다.

축하연이라면 좀 지나치게 요란할까, 결국 둘이서 맥주를 마시며 땅콩을 먹었을 뿐이라 정확한 표현은 아니지만, 당사자와 관계자에게 미묘한 구석이 있다고 해도 어쨌든 축하하기에 마땅한 일이 있었기 때문이다.

마침내, 그 녀석도 아버지가 된 것이다. 불과 2, 3년 전만 해도 콧물 줄줄 흘리는 10대 꼬맹이였던 녀석이 어느새 유리구슬 같은 옅은 하늘색 눈동자를 지닌 사랑스러운 여자아이의 부모가 되었다.

나이만 보면 녀석은 아직도 10대지만, 더 이상 그 말이 어울리지 않는 아저씨 특유의 악취를 풍기고 있다. 어째서인지 빈민가의 꼬맹이들은 삶을 서두른다. 후다닥 학교를 그만두고, 후다닥 일자리를 찾아, 후다닥 부모가 되어 눈 깜박할 사이에 아저씨가 된다.

그렇지만 아이가 태어났다고 해서 옆집 아들내미가 안정되었다, 하는 말은 도저히 할 수 없다.

말 그대로 안정되지 않았다. 무엇보다 그에게는 현재 주소지라는 것이 없기 때문이다.

갓 태어난 아이의 엄마 쪽에 들어가 있긴 하지만, 그는 일주일에 절반은 옆집에 돌아와서 잠을 잔다. 그렇게 하면 옆집 아들의 어머니는 물론 그의 여자 친구도 '가끔 자고 가는 사람은 여기서 사는 게 아니에요.'라는 사실을 이웃에 보여줄 수 있어서 주민세를 낼 때 '싱글 오큐펀시 디스카운트 single occupancy discount'라는 1인 가구에 적용되는 세금 할인을 받을 수 있기 때문이다.

빈민가의 사람은 어떻게든 정부를 속여서 세금 할인과 보조금을 받으려고 노력을 기울인다. 살고 있는 사람을 살고 있지 않다고 우기고, 살지 않는 사람을 살고 있다고 고집부리며, 타인이 진실을 관공서에 신고해서 들킬 것 같으면 옆집 아들내미처럼 여러 집을 전전하는 유랑민이 되는 것이다.

열심히 일해도 가난한 사람들을 가리키는 '워킹 푸어'라는 말이 일본에서 유행한다는데, 이 나라의 빈민층은 "일을 해도 가난해. 못 버티겠어." 하는 일시적으로 가난한 사람들이 아니다. 자신이 빈곤하고 부모 역시 빈곤하며, 부모의 부모 또한 빈곤했다. 그런 가난에는 맥맥이 이어져온 역사와 전통이 있으며, 그처럼 항구적인 빈곤만이 '계급(클래스 class)'으로 확립될 수 있다. 신출내기 빈자가 아니다. 유서 깊은 가난뱅이인 것이다.

그렇기 때문에 내가 살고 있는 '로워 워킹 클래스 lower working class'[5] 구역의 사람들은 "일해도 가난해."라든지 "더는 못 해먹겠다." 하는 불만을 입에 담지 않는다. 자신들이 살고 있는 세계 말고는 모르기 때문이다. 그래서 부자가 될 수 없지만 열심히 일한다는 어리석은 짓은 그만두고 정부를 속여서 보조금을 받으려고 한다. 너무나도 '더는 못 해먹겠다.' 하는 마음이 되면 지나가는 사람이나 가족에게 폭력을 휘둘러 미련 없이 지옥행. 그대로 교도소에 들어가는 사람도 있다.

이와 같은 '못 해먹겠다'는 느낌은 감수성 풍부한 나이의 소년들이 더욱 강하게 느끼는데, 그래서 '이런 세계를 어떻게 참아. 뭔가 두근거리는 일을 하지 않을래?'라고 생각하는 동네의 못 해먹겠는 친구들끼리 결

---

5 청소, 설거지, 계산 등의 일을 하며 적은 급여를 받고 경력을 발전시킬 기회가 없는 계층을 가리키는 말이다.

속한다. 그렇게 절도, 기물 파손, 불법 무기 소지 등의
범죄 행위로 청춘의 울분을 삭이는 꼬맹이들도 많다.

　옆집 아들내미도 예외는 아니었다. 그도 10대 초
반에는 빈민가의 저지 무리에 속해서 활동했다. 하지
만 나도 이제 열다섯 살이니 계속 어린애 같은 짓을 할
수는 없지, 하고 심경의 변화가 일어난 뒤로는 어째서
인지 1970년대의 펑크 문화에 심취했고 우연히도 펑
크를 되살린 당시 패션계의 흐름과도 맞아떨어져서 예
술계 여자아이들에게 인기를 얻으며 한때 잘나가는
화려한 청춘을 보냈지만, 그래도 우리 집에는 예술계
칼리지에 진학할 돈이 없지, 하는 빈민가 젊은이들이
피할 수 없는 현실이라는 이름의 한계와 직면하여 눈
부신 예술 관련 친구들과 결별하고 친척 아저씨가 권
한 대로 실업보험의 자금 지원을 받으며 견실하게 포
클레인 자격증을 취득했다. 하지만 그 후로 착실하게
일했느냐 하면 그러지도 않아서 직장을 그만두고는
건설업을 전문으로 하는 파견회사에 등록해서 일주일
에 2, 3일 이런저런 건설 현장에 나가 포클레인을 타는
식으로 몹시 해이하게 노동하고 있다.

　"제대로 일해야 할까 생각하고 있어. 아기가 자는
얼굴을 보면."

　맥주잔을 만지작거리면서 옆집 아들이 말했다.

"그래. 역시 귀엽지?"

"응."

카운터 옆에는 신세대 불량소년, 후드티 무리의 일원인 듯한 10대 소년이 서 있었다. 아무리 봐도 술을 마실 수 있는 나이는 아니었기 때문에 펍의 사장이 "너는 오렌지주스면 충분하겠네. 엄마는 어디 갔냐?"라고 놀리자 "ⓕ 늙은이가 하는 ⓕ 낡아빠지고 ⓕ 더러운 ⓕ 가게에서 누가 ⓕ 마신대?"라고 'F'가 들어간 단어를 쏘아대고는 카운터 위에 있던 맥주병을 카운터 안으로 던지고 밖으로 뛰쳐나갔다. "ⓕ 새끼가아아아아!" 머리끝까지 화난 펍 사장도 뒤를 쫓아 달렸다.

"너무 난폭해, 요즘 애들은."이라고 옆집 아들이 말했다.

"너도 꽤 난폭했어. 우리 집 앞 공중전화도 부쉈잖아."

"아냐, 우리 때는 저렇게 이유 없이 난폭하게 굴지는 않았어."

한때 불량소년이었던 이들은 언제나 다음 세대에 관해 "이해를 못 하겠다."라거나 "우리랑 달라."라고 하는데, 저지도 후드티도 옆에서 보면 다 똑같다. 입고 있는 옷이 달라졌을 뿐.

"나한테는 더 이상 저런 젊음은 없어."

어린애가 무슨 소리야. 나는 그렇게 생각하며 기네스를 마셨다.

"뭐라고 할까. 그리운 느낌은 들지만."

"너도 이제 아이가 있는 부모니까."

"멀고 먼 과거의 추억이야, 이제는."

그렇게 말하자마자 옆집 아들이 화제를 돌렸다.

"그러고 보니 그 휴대전화, 꽤 낡았잖아. 새로 안 사? 마침 최신 모델이 있거든. 지금도 엄청 싼데 더 깎아서 30파운드에 어때?"

나는 잠시 말문이 막혔다가 맥주잔을 테이블 위에 두었다.

"뭐야, 뭐야, 너 아직도 안 그만뒀어? 그러다 잡힐 거야…."

어처구니없어하는 내게 옆집 아들이 말했다.

"프린터도 있어. 지금 쓰는 거 망가지기 직전이잖아."

그렇게 내게 틈을 주지 않고 영업을 계속했다.

이 녀석, 이러쿵저러쿵했으면서 아직도 친구들이 훔친 전자제품을 파는 짓을 그만두지 않았던 것이다.

이 부근의 남자들은 옆에서 보면 마치 저주에 걸린 듯이 같은 자리를 빙글빙글 맴돈다. 빙글빙글 돌아도 나선 계단처럼 조금이나마 위로 올라갈 수 있으면 다행인데, 대부분은 똑같이 낮은 위치에서 계속 맴돌 뿐이다. 그리고 그러는 것은 이 부근의 여자들도 마찬가지다.

"근데 그 프린터는 얼마야?"

아무래도 물어보고 마는 나의 등 뒤에서 쉬어버린 현미차 같은 질 낮은 궐련의 냄새가 풍겨왔다.

(새로 씀 2017. 1)

카사노바의 종말

"앞으로 3개월이라고 해."

D가 배우자에게 전화를 건 것은 5개월 전이었다.

"벌써 60년 살았으니까 딱히 여한은 없는데."

D는 그렇게 말했다고 한다.

그렇지만 뭐냐, 영국의 노동자 계급은 암의 온상인 걸까. 우리 배우자도 9년 전에 암 진단을 받았고, 배우자의 누나, 여러 친구, 여러 동료, 동네 아저씨들 모두 50, 60대가 되면 판에 박힌 듯이 암에 걸리고 있다.

"당신도 4기 판정을 받았지만 치료를 받고 지금까지 쌩쌩하게 살고 있잖아. D도 알 수 없어. 당신을 보면 의사의 암 선고란 살짝 호들갑스러운 게 아닐까 하는 생각이 들거든."

내 말에 배우자가 답했다.

"아냐, 같은 암이라도 내 경우는 비교적 치료하

기 쉬운 것이었는데, 녀석은 영 안 좋은 부위에 생겼고 전이도 진행됐대. 녀석을 만나면 나와 다르다는 걸 알 수 있을 거야."

우리는 D를 만나러 런던에 갔다.

배우자는 D의 전화를 받고 바로 혼자 그를 만나러 다녀왔는데, 나와 아들은 형편이 여의치 않아 함께 가지 못했기에 이번에는 가족 모두가 그를 만나러 간 것이다.

D는 3개월 시한부 선고를 받은 직후 모든 친구들에게 전화를 걸어 그 사실을 알린 모양으로 그 덕에 주말마다 누군가가 아내와 아이를 데리고 D의 집을 방문하는 상황이 이어지고 있다고 했다. 하지만 그러한 파도는 점점 잦아들었고, 3개월이 지나도 D가 살아 있어서 친구들도 좀 맥이 빠졌는지, D의 생활은 다시 정적에 휩싸이게 되었다.

D의 집에 도착해서 배우자가 주차 때문에 애를 먹고 있는데 갑자기 D가 벌컥 현관문을 열고 밖으로 나왔다. 먼저 차에서 내려 있던 나를 보고 D가 비틀거리면서 다가왔다.

아아, 카사노바는 이토록 늙었다.

나는 양팔을 활짝 펼쳐 D를 끌어안았다.

카키색 외투에 파란 청바지를 입어서 오아시스의

리암 갤러거 같은 복장이었지만, 얼굴에는 5년에 걸쳐 암 전이와 싸운 흔적이 뚜렷이 새겨져 있었다. 이상할 만큼 반짝이며 젊었던 D는 더 이상 존재하지 않았다.

"거기, 봐, 보도의 잔디 위에 주차해. 거긴 단속 안 해."

그렇게 소리쳤음에도 배우자는 계속 우물쭈물하며 주차하지 못했다.

"거긴 콘크리트고 잔디가 아니잖아. 내가 무슨 몽골어로 말하고 있냐."

"자동차 한 대 주차하는 데 말기 암 환자가 혼신의 힘으로 소리치게 하지 마."

D가 변함없이 거친 코크니 영어를 날렸다.

"겨우 주차한 거 같네."라는 내 말에 D가 덧붙였다.

"어. 설마 주차에 세 달이나 걸릴 줄은 몰랐지만."

그야말로 런던 서민 동네다운 날카로운 농담을 경쾌하게 이어가는 D에게 아들이 「이스트엔더스」에 나오는 사람 같아."라고 말하며 깔깔 웃었다.

D의 집에 들어가니 젊은 동양인 여성이 소파에서 일어났다.

소문으로 들었던 베트남 여자였다.

D는 어머니가 돌아가신 뒤로 이 집에서 인지저하 증인 아버지를 돌보면서 살았는데, 6년 전에 아버지도 타계했다. 혼자 남은 D는 원래 여행을 좋아했기 때문에 타이, 중국, 베트남 등을 정처 없이 여행했다. 하지만 아버지가 눈을 감고 얼마 지나지 않아 D도 암 선고를 받았다. 그 뒤로 치료를 받아 나아지고, 조금 지나 전이가 발견되고, 하는 일들이 반복되었는데, 치료 덕에 일시적으로 나아지면 다시 여행을 다녔다. 소문의 베트남 여성과는 2년 전에 현지에서 만났다고 하며, 그 후 메일로 소통하거나 그가 영국에 D를 만나러 오며 교제를 이어가다가 3개월 시한부 판정을 받았을 때 D가 그에게 영국으로 와달라고 요청했다고 한다.

그 여성이 또 모델처럼 날씬한 미녀로 듣자니 스물다섯이라고 한다. 이 마당에 서른다섯 살이나 어린 언니를 끌어들이다니 대체 무슨 생각을 하는 건지. 노쇠한 모습을 보고 조금 방심했지만, 역시 카사노바는 카사노바였다.

"어? 일까지 그만두고 이렇게 성가신 영감을 돌보러 영국까지 온 거야?"

다 함께 점심을 먹으러 간 펍에서 나는 베트남 여

성에게 물었다. 옆에 앉아 있던 D가 내 목을 조르는 시
늉을 했다.

"무슨 일을 했어?"

"은행에서 일했어요."

"뭐? 진짜? 아이고, 진짜 바보 같은 짓을 했네."

내 말에 D는 내 음식에 소금을 있는 대로 뿌렸다.
뭐야, 꽤 기운 넘치네.

D와 그 여성이 나란히 걷고 있으니 뭐라고 할까,
지금 모습이야 흔히 보이는 영국인 영감과 젊은 아시
아인 여성의 조합이지만, D가 스무 살 정도 어렸다면
틀림없이 장절한 미남과 미녀 한 쌍이었을 것이라는
생각이 들었다. 하지만 그 여성은 엄청 멋졌던 시절의
D는 알지 못했다.

"대체 누구 덕분에 네가 결혼한 줄 아는 거야."

D의 말에 내가 답했다.

"오오, 그랬네. D 덕분이었지."

나와 배우자가 결혼할 때, 결혼식에서 D가 나의
증인이 되어주었던 것이다. 결혼식 사진을 본가에 보
냈을 때, 증인인 D와 내가 나란히 찍힌 사진을 보고는
우울증으로 누워서만 지내던 어머니가 "어머, 이 사람
잘생겼다."라며 자리에서 일어났다고 한다. 우울증 할
멈까지 깜짝 놀라 일어나게 하는 미모의 주인이었던

것이다, 그는.

"이 사람, 실은 엄청나게 미남이었어."

내가 베트남 여성에게 말하자 그가 웃었다.

"아, 사진 봤어요. 그리고 영국에서 만난 사람들이 전부 똑같이 말해줬어요."

"남자도 반할 만큼 멋졌지. 나도 꽤 반했거든."

배우자가 그렇게 말하자,

"징그러운 소리 하지 마, 멍청이."

D는 그렇게 말하면서 식도를 통과하기 어려워졌다는 고기를 끝없이 잘게 나이프로 썰었다.

펍의 화장실에 함께 갔을 때, 베트남 여성이 말했다.

"저, 앞으로 두 달만 영국에 있을 수 있어요."

"응, 들었어…."

그가 베트남에서 영국으로 왔을 때, 3개월짜리 비자밖에 받지 못했다고 했다. 그런 것을 D가 변호사에게 의뢰해서 여명 3개월 선고를 받은 D를 간병할 사람이 필요하다는 이유로 특별히 비자를 연장받았다는 이야기는 들었다.

지금 그들은 비자가 만료될지, 그 전에 D가 세상을 떠날지, 둘 중 하나를 두고 시간과 싸우는 중이었다.

두 달 뒤에도 D가 살아 있으면 비자를 다시 연장할 필요가 있지만, D는 더 이상 변호사에게 의뢰할 생각은 없다고 했다.

"불법 체류를 하면 되잖아. 그러는 이주민은 넘치게 있어."

배우자가 그렇게 말하자 D가 답했다.

"그것도 생각했어. 하지만 그렇게까지 할 필요는 없어. 이번에 비자가 만료되면 돌아가야 해."

"베트남에 돌아가고 싶어?"

나는 우문이라고 생각하면서도 결국 질문했다. 하지만 그는 뜻밖에도 고개를 끄덕였다.

"D는 무척 좋은 사람이고, 좋아하고, 마지막까지 지켜주고 싶지만, 나는 안정된 생활을 원해요. 내일 일을 알 수 없는 생활은 이제 싫어요."

"응."

어쩐지 알 것 같았다. 일시적인 '체재허가증'으로 어딘가 다른 나라에서 살아본 적 있는 사람이라면 이해할 것이다. '체재 허가'를 받은 신분에는 언젠가 허가가 끝나는 때가 오게 마련이다. 그건 발밑이 언제나 흔들흔들한, 미래가 없는no future 신분이기도 하다. 존재하고 있지만, 실은 존재하지 않는 듯한. 어디에도 소속되지 않은 유령 같은. 그런 입장에 놓인 사람은 재미있어하거나 불안을 견디지 못하는 두 부류로 나뉜다고 생각한다.

"다만 한 가지 걱정되는 건, 저한테는 더 이상 베트남이 예전의 베트남으로 보이지 않을 것 같아요."

그는 세면대에서 손을 씻으며 말했다.

"이곳은 너무나 자유로워서 무얼 하든, 어떤 모습을 하든, 누구도 신경 쓰지 않고 아무 말도 하지 않아서 맘대로 살아갈 수 있지만, 베트남은 그렇지 않으니까."

부모 자식 정도로 나이 차이가 나는 그의 말을 들으면서 나는 어린 시절의 나를 떠올렸다. 1980년대에 처음 영국에서 지내다 일본으로 돌아갔을 때, 나도 완전히 똑같은 것을 느꼈기 때문이다.

'당신도 다시 이 나라에 돌아올지 몰라.'

나는 그렇게 말하려다 그만두었다. 모든 사람이 똑같은 길을 가는 건 아니기 때문에.

우리는 식사를 마치고 다시 D의 집에 가서 차를 마신 다음 브라이턴으로 돌아갔다.

"와줘서 고마워. 만나서 기뻤어."

얌전히 그렇게 말하는 D를 나는 집 앞에서 만났을 때처럼 끌어안았다. 그의 눈이 촉촉이 젖은 듯해서 일부러 보지 않았다.

배우자와 D는 한참 동안 말없이 서로 꽉 끌어안
았다. 나이 지긋한 아저씨들이 할 말을 잃고 당장이라
도 울 듯한 기색이 뒷모습에서 전해졌다.

"아저씨들, 이제 어지간히 해! 거기서 석 달이나
끌어안고 있네. 그만 돌아가자!"

내가 말했다.

"또 보자." 배우자가 인사했다.

"어, 다음에는 브라이턴에서."라고 D가 답했다.

"그래, 브라이턴으로 와."라고 나도 말했다.

"아, 가고 싶다. 저 브라이턴에 가본 적 없어요."
라고 베트남 여성도 말했다.

D는 현관 밖에 서서 우리 차가 떠나는 모습을 배
웅했다. 지쳤는지 허리를 살짝 굽혀서 옆에 선 여성에
게 기대고 있었다. 야위고 쇠약해진 노인이 젊고 생명
력 넘치는 미녀에게 간호를 받는 모습이었다.

"그럼 간다."

유리창을 열고 D에게 인사한 배우자가 차창을
닫으려 했다. 그런데 도중부터 창문이 올라가지 않았
다. 배우자가 어딘가에서 500파운드에 사 온 수상한
중고차는 이따금씩 차창 개폐 장치가 이상해졌다.

"아, 또 안 닫히네."라며 배우자가 당황했다.

"야, 이제 그 골동품 좀 타지 마! 육십을 넘으면 너 자체가 골동품이라고!"라고 D가 소리쳤다.

"뭐, 됐어. 할 수 없지." 배우자가 차창을 연 채로 차를 몰았다.

D와 베트남 미녀는 한참을 현관 앞에 서서 손을 흔들었다. 나도 돌아보고 그들이 보이지 않을 때까지 손을 흔들었다.

"다음은 브라이턴이네."

내가 말했지만, 배우자는 아무 말도 하지 않았다.

그저 앞만 바라보면서 말없이 무뚝뚝한 표정으로 운전했다.

뒷자리에 앉은 아들이 작게 "추워."라고 말했다.

(새로 씀 2017. 1)

너바나 치과 의사

오래전, 영국 장사꾼 기질을 노골적으로 드러낸 치과 의사에 관해 쓴 적이 있는데(46면 참조), 그 사람은 사설 치과의 의사였다. 나는 예전에 비싼 돈을 내고 사설 치과를 다녔던 것이다.

70면에 적었듯이 영국에서는 NHS라는 국가 의료 제도를 이용하면 기본적으로 의료비가 무료지만, 치과는 조금 사정이 다르다. 치과는 어린이나 임신부가 아닌 이상 NHS를 이용해도 국민이 의료비 일부를 부담해야 하는데, 그래도 사설 치과에서 청구하는 어처구니없는 치료비와 비교하면 미미하긴 하다. 그러니 NHS의 치과를 가면 좋지만, 이 나라에는 'NHS의 치과를 찾고 접수하는 것은 지난하기 그지없다'는 전설 같은 이야기가 있어서 BBC 뉴스에서도 "자동차로 한 시간 걸리는 곳에 가야 접수할 수 있는 NHS 치과가 있다."라든지 "치료는 반년 뒤에나 가능하다는 말을 들었다." 하는 서민의 목소리가 자주 보도되고 있다.

그럼 차라리 사설 치과를 가자. 내가 그렇게 큰맘
먹고 사설 치과를 다녔던 이유는 내가 무엇보다 치과
의사라는 존재를 싫어하여 너무 아파서 잠을 못 잘 정
도가 되지 않는 한 치과에 갈 생각을 하지 않기 때문
으로 몇 달이나 기다려서 치과를 가기에는 몸이 버틸
재간이 없었던 것이다.

그런데 어느 날 브라이턴역 근처에서 "NHS 치과
접수 가능"이라는 기적적인 문구가 쓰인 간판을 발견
했고 마침 어금니가 몹시 아프기 시작했다는 사정도
있어서 빨려들 듯이 들어갔더니, 맙소사, 싱겁게도 접
수할 수 있었고 2주 후에 예약까지 잡을 수 있었다.

정말이지 언론이라는 녀석들은 국민을 겁줘서 남
는 장사를 하려 하니 괘씸하다. 대기실도 이렇게 텅텅
비었는데, NHS의 치과는 어디든 환자들로 미어터진
다고 잘도 호들갑스러운 기사만 쓰네, 영국 기자님들
은. 진작에 NHS의 치과를 다니면 좋았을걸. 대체 지금
까지 병원비로 얼마를 쓸데없이 쓴 거야.

그렇게 성을 냈지만, 진찰을 받아보니 어째서 그
치과의 대기실이 그토록 텅텅 비었는지 알 것 같았다.

사설 치과의 영국 장사꾼 의사는 데님셔츠에 면
바지라는 산뜻하고 단정한 캐주얼을 옷차림의 기본으

로 삼고 있었지만, NHS의 의사는 런던 근처에서 종종 보이는 백인 록 음악을 좋아하는 민머리 흑인 아저씨 계통이라(이란인 같았지만) 딱 달라붙는 청바지의 허리에 짤랑짤랑 소리를 내는 쇠사슬을 걸고 있었다. 진료실 내부도 벽에 걸린 그림과 벽지, 커튼의 색조를 통일한 사설 치과와 달리 궁극의 미니멀리즘을 추구하는 양 커튼도 그림도 없는 데다 그저 하얗기만 한 벽은 군데군데 페인트가 벗겨져 있었다. 뭐랄까, 아무리 봐도 의욕이 느껴지지 않는 곳이었다.

환자의 입속으로 집어넣는 기구들 역시 제대로 세척하는 걸까 의심스러울 만큼 부옇거나 정체 모를 얼룩이 있어서 한눈에 봐도 더러웠고, 목에 걸어주는 턱받이는 아예 존재하지 않았다. 침이 흐르면 흐르는 대로 그냥 옷이 젖은 채 집에 가, 하는 느낌이었다.

사설 치과는 배경음악으로 비치 보이스를 틀어서 미국 서해안의 우아한 분위기를 연출했지만, 이곳에는 당연하게도 무거운 침묵만이 흘렀다.

그런 생각을 하는데 눈빛 사나운 의사 형씨가 말했다.

"음악 틀어도 돼?"

"당연히."

내가 답하자 의사 형씨는 발로 바닥에 놓여 있는

DVD 플레이어의 전원을 눌렀다. 그러자 자가잔 하는 기타 소리와 함께 너바나Nirvana의 「스멜스 라이크 틴 스피릿Smells Like Teen Spirit」이 흐르기 시작했다.[6]

마치 코미디 같은 전개에 웃음이 나왔지만, 입속에 들어온 드릴이 윙윙거리며 열심히 구멍을 파고 있어서 웃을 수 없었다. '10대 영혼 같은 냄새smells like teen spirit'는 나지 않았지만 타는 냄새는 났다. 입속에서 금속음이 울릴 때 듣기에 너바나는 격렬했다.

"끝났어. 완벽해. 반년 후에 확인하러 와."

사시라 엉뚱한 쪽을 보는 듯한 의사 형씨가 말했다.

진짜로?

그렇게 생각할 만큼 빠르고 대충대충 치료했지만 그때 때운 이빨은 3주 뒤인 지금도 멀쩡하다.

마음에 들었다고. NHS 의사 양반.

나와 성미가 맞는 것은 그처럼 꾸밈없이 심신이 강건한 의사다.

(새로 씀 2017. 1)

---

6 너바나는 1987년 결성한 미국의 얼터너티브 록 밴드로 정체되어 있던 록 음악계에 신선한 바람을 불러일으켰다. 「스멜스 라이크 틴 스피릿」은 너바나의 정규 2집에 수록된 대표곡으로 록 음악 역사에서 손꼽히는 명곡이다.

문고판 마치며

그리하여 『꽃을 위한 미래는 없다』가 처음 출간된 뒤로 출판사는 파산했고, 나는 출산을 했고, 보육사가 되었고, 작가가 되어서 가십 기사부터 음악 칼럼, 에세이, 정치 시평까지 내 일이지만 참으로 지조와 절개라고는 없는 집필 활동을 하고 있다.

이 책의 3장과 4장 사이에 있었던 일들은 『아나키즘 인 더 UK: 망가진 영국과 펑크 보육사 분투기』[1]라는 책과 『아이들의 계급투쟁』[2]이라는 책에 상세히 쓰여 있다.

그런데 사실 이 책이 2005년 처음 출간되고 내

---

1 ブレイディ みかこ, 『アナキズム・イン・ザ・UK: 壊れた英国とパンク保育士奮闘記』 ele-king books 2013. 2022년에 일본에서 문고본 두 권으로 재출간되었으며 한국어판은 다다서재에서 출간 예정.
2 노수경 옮김, 사계절 2019.

두 번째 책이 출간된 것은 8년이라는 세월이 흐른 2013년으로 내가 그 사이에도 계속 블로그에 글을 쓸 수 있었던 것은 간단히 말해 집념 강한 성격 덕분이었다고 생각한다. 스스로에게 질릴 정도다.

그처럼 성격이 집요했기 때문에 비로소 이렇게 『꽃을 위한 미래는 없다』의 개정판이 출간되는 것을 보게 되었는데, 빈민가에서 하는 생활도 내 성격에 못지않을 만큼 끈질기게 계속되고 있다. 언제 벌써 이렇게 시간이 흘렀는지 아이는 올해부터 중학생이 되고, 영국은 EU에서 탈퇴한다는 모양이고, 뭐, 이래저래 많은 일들이 일어나고 있지만 나는 변함없이 미래란 없다no future는 생각을 마음에 품고 오늘도 살고 있다.

앞날은 없다. 그러니 지금 실컷 마셔두자. 어떻게든 될 테니까.

2017년 5월 7일
브래디 미카코

출처

1~2장
『꽃의 생명은 노 퓨처(花の命はノー・フューチャー)』헤키텐샤(碧天舎) 2005.
(2004~05년)

3장
저자 홈페이지 'The Brady Punch'(현재 폐쇄) 및 블로그 'The Brady Blog'
(http://blog.livedoor.jp/mikako0607jp/). (2003~06년)

4장
새로 쓴 글. (2015~17년)

꽃을 위한 미래는 없다

초판 1쇄 발행 2024년 7월 11일

지은이 브래디 미카코
옮긴이 김영현
펴낸이 김효근
책임편집 김남희
펴낸곳 다다서재
등록 제2023-000115호(2019년 4월 29일)
전화 031-923-7414
팩스 031-919-7414
메일 book@dadalibro.com
인스타그램 @dada_libro

한국어판 ⓒ 다다서재 2024
ISBN 979-11-91716-31-3 03300